강릉 학산의 王縣城
왕씨 고을

강릉김씨 왕김파의 성지　　　저자 **김 동 철**

성원인쇄문화사

머 리 말

김 동 철

 강릉김씨는 태종무열왕 이후 왕족으로 역사 기록문인 삼국사기, 삼국유사, 고려사와 금석문으로는 보령의 낭혜화상 탑비, 부석사의 원융국사 비에 기록되어 전하는 천년의 역사를 지닌 뿌리 깊은 자랑스러운 가문입니다.
 역사는 과학입니다. 특히 집안의 족보는 확실한 근거가 있어야 합니다.
 용비어천가에 뿌리 깊은 나무는 바람에 흔들리지 않으므로, 꽃이 좋고 열매가 많으며, 샘이 깊은 물은 가뭄에도 그치지 않으므로, 내가 되어 바다에 이른다고 하였습니다. 강릉김씨는 확실한 근거를 지닌 자랑스러운 가문입니다.
 특히 평의공파(왕김파)는 신라에 이어 고려 500년을 명주도독이 자리 잡았던 학산(장안)에서 김예(金乂)가 왕건으로

부터 왕씨의 성을 하사받아 명주의 호족으로 집성촌(王縣)을 이루고 살면서 강릉김씨의 가계를 지켜왔습니다.

때문에 강릉의 역사를 알려면 강릉김씨 왕김파의 역사를 알아야 합니다.

그리고 강릉의 역사와 문화에 대한 관심 있는 분들이라면 강릉김씨의 족보를 찾게 마련입니다. 이러한 이유로 강릉김씨 왕김파(평의공파) 족보는 특별히 그 내용과 근원을 바르게 찾아 정리해 놓아야 할 것입니다.

본인은 대종회 상임부회장으로 종사를 살피는 동안 집안 내력을 정리할 의욕을 가지고 몰래 준비를 다하였으나 원로 종인들의 아집과 깊이 없는 식견으로 반대하여 진전을 보지 못하여 강릉김씨 역사 학습도서를 펴내기로 하였습니다.

후세 종인들이 나와 함께 같은 뜻을 가지고 그 그릇되고 잘못된 것을 정정(訂正)하고 수정(修正)한다면 강릉김씨 가문의 역사(족보)는 쓸모 있는 역대도통(歷代道統)의 책이 될 수 있을 것입니다.

본 도서가 후세의 가르침에 조금의 보탬이 되기를 바라면서 저와 같은 마음의 문중 자손들은 족보 관리에 힘써 주시기 바랍니다.

한림공파 부승공 선연파 41세 **김 동 철** 씀

목차

강릉 학산의 王縣城 왕씨 고을

제1부 잊고살았던 명주성(명주도독의 관아)

1. 왕현성(王縣城) ………………………………… 8
2. 학산이 명주의 치소(관아)터 임을 밝혀주는
   각종 보증자료……………………………… 11

제2부 조상의 뿌리

1. 乙丑譜 序 ………………………………… 34
2. 乙丑譜의 잘못된 기록 ………………… 42
3. 태종무열대왕의 家系 …………………… 48
4. 김주원의 家系 …………………………… 51
5. 명주군왕(김주원)의 조상 ……………… 53
6. 강릉김씨 왕족도 ………………………… 71
7. 명주군왕의 작위 ………………………… 74
8. 명주군왕의 명주관할 식읍 …………… 76
9. 백월보광 무염대사 탑비 ……………… 81
10. 주왕사적과 강릉김씨 ………………… 84
11. 김주원과 범일국사 …………………… 90
12. 강릉김씨의 3파 ……………………… 92
13. 강릉의 읍성 …………………………… 93
14. 명주군왕 재임기간과 강릉김씨의 터전 … 98
15. 강릉의 安國寺址 ……………………… 104
16. 周王事蹟(주왕사적) ………………… 108
17. 삼국사기를 살펴보자 ………………… 152
18. 김인문 묘 …………………………… 171
19. 서울의 팔판동 ………………………… 174
20. 명주(강릉)에는 5개의 戍(항구) …… 175

제 1 부

잊고살았던 명주성
(명주도독의 관아)

1. 왕현성(王縣城)

 왕현(王縣)은 왕씨(강릉김씨 왕김파)들이 살았던 고을로 신라시대 명주도독의 치소(명주성)가 있었던 곳이다.
 그런데 명주군왕 주원공께서 명주를 다스리던 치소(명주성)의 와당이 성산면 금산리 장안골과 구정면 학산리(굴산사지)의 두 곳에서 발굴되었다.
 그러나 성산면 금산리는 치소성의 환경조건을 갖추지 못하여 읍성이 아니라 명주성(장안성)의 서쪽 방어성으로 학계에서는 판단하고 있다.
 그렇다면 명주의 읍성(명주성)은 학산인데 이를 보증할 근거를 찾아야한다.
 명주군왕의 치소(명주성)를 찾으려면 지명유래와 신라시대 명주의 고대도시가 어디였는지를 알아보거나, 고려 때 강릉 김씨 호족이 어디에서 살았는지를 찾으면 명주를 다스리던 명주도독의 治所(명주성)를 쉽게 밝혀낼 수 있을 것이다.

王縣은 王이 살았던 고을이거나 王氏들이 모여 사는 고을을 이르는 말이다.

또한 王縣(왕현)은 고려시대에 王氏성을 가진 사람들이 모여 살았던 학산을 말하고 있으며, 이곳으로 넘나들던 고개를 王峴(왕고개)이라 하고 있다.

이 왕고개(王峴)를 신라시대에는 학산이 장안(명주도독의 읍성)이었기 때문에 장안재라 하였다고 한다. 그런데 지금은 구정초교 입구에 새로 난 고개를 왕고개라 하는데, 본시 왕고개(장안재)는 학산(王縣)으로 넘나들던 구정면 농협 좌측 王峴城 고개가 왕고개(장안재)인 것이다.

이 고개가 신라시대에는 명주도독의 치소성이 있었던 학산이 長安이므로 장안 재였고, 고려시대에 와서는 왕씨 집단마을(王縣)이 되면서 왕고개(王峴)가 되었다고 한다. 그러니까 학산으로 넘어가는 장안재가 고려 王乂의 후손들이 사는 마을(王縣)이 되면서 왕고개(王峴)가 되었다는 것이다.

또한 왕김파(평의공파)의 중시조 왕예(金乂)는 만석군으로 김순식(왕순식)과 함께 왕건을 도와 고려를 건국하였는데, 이들은 명주군왕 치소가 있었던 구정면 학산리 王縣城(왕씨의 집성촌)에서 명주의 호족으로 살았던 것으로 전해 내려오고 있다. 지금도 이 지역에는 왕김파(평의공파)들이 많이 살고 있다.

그리고 영주 부석사의 원융국사비문에 원융국사는 영길(왕예의 조부)의 후손이며, 명주의 호족(만석군)이라 기록하고 있으며, 강릉김씨 평의공파 파보에도 영길의 후손들이 王縣(장안리, 학산)의 만석군(호족)이라 기록하고 있다.

더구나 강릉에서 만석군이 자리 잡을만한 곳은 학산 밖에 없다는 것이다.

또한 영조 때(1788년) 강릉부사 맹지대가 출판한 임영지에 굴산사는 명주도독의 관아(명주성)를 복원하여 굴산사를 지었다고 기록한 것으로 보면 당시 명주의 읍성(치소성)이 학산(장안리)이었다는 것이다.

2. 학산이 명주의 치소(관아)터 임을 밝혀주는 각종 보증자료

※ 조선 영조 때(1788년) 강릉부사 맹지대가 기록해놓은 임영지를 보자.

"임영지(맹지대 부사,1787)" 및 "완역 증수 임영지(강릉문화원, 1997. 12. 31. 叢話 P 138)"와 이에 대한 상기 원문 "증수 임영지(전 강릉군수 용택성 강릉고적 보존회, 소화 8년 8월 叢話 P 七十七)"에 "古 老言 溟洲 初建之 日 梵日 創大寺干 官舍之基 僧徒主之 其後寺利 燬於兵燹 府館 移搆 (고 노언 명주 초건지 일 범일 창대사간 관사 지기 승도주지 기후사리 훼어병선 부관 이구)

焉帷 沙門 獨存 卽今 外大門也 故 掃除 大門至今用 僧匠

意然也." (언유 사문 독존 즉금 외대문야 고 소제 대문지 금용 승장 의연야)

"명주가 처음 세워지던 날 범일이 관사 터(명주군 관아 터)에다 큰 절을 세우고자하니 스님들이 그 일을 주관하였다고 한다.

그 후 병화에 타버려 부의 관사를 옮겨 세웠는데 오직 사문(沙門)만이 남았는데 지금의 外大門(객사문)이며, 대문을 청소할 때 지금도 장인승려를 쓰니 그럴듯한 일이다."
라고 하였다.

이 말은 명주관아 터에다가 굴산사를 세웠다고 하였으니 명주도독의 치소는 굴산사가 있었던 학산(장안리)이라는 것이다. 때문에 명주군왕의 왕궁터는 명주군 구정면(학산)에 있는 굴산사 터라고 감히 주장할 수 있다.

그리고 당시 鶴山(학산)이 명주(강릉)의 고대도시였음을 말해주는 고사성어(生居地 母鶴山, 死去地 城山也)가 지금까지 전해오고 있다.

※ 이준선의 지리학 보고서,(강릉지역의 고대산성, 1982)에 강릉지역에 분포하고 있는 20개의 城을 조사하였는데 왕현성과 하장안성(강동초교 뒷산)을 찾아 기록하여 놓았으나, 상장안성(성산면 금산리)은 기록에 누락 되어 있다. 그리고 임영문화 제44집 26쪽에 "명주성은 명주군왕과 관련된 城으로 이해되고 있다."라고 하였다.

또한 이준선은 고려시대 석성인 명주산성은 성산면 관음리 774번지의 안국사를 둘러싼 성으로 그 길이가 3000보나 된다고 하였다.

그리고 명주산성은 고려시대의 석성이지만, 성산면 금산리 상장안성(명주성)과 강동면의 하장안성은 신라시대의 토성이라는 것이다.

그런데 이준선은 보고서에서 학산의 명주성(장안성)을 王峴城으로 지칭 하였다. 이것은 왕씨들이 살았던 고을 王縣(왕현)과 장안(명주성)에 대한 고증이 부족하여 王縣(왕씨 고을)을 王峴城(왕고개)으로 이해한 듯싶다.

즉 신라시대 명주군왕이 溟洲를 다스리던 치소성은 "溟洲城"이라 하였으나 고려시대에 와서 王氏 호족들이 이곳 명주성(장안)에 살면서 학산(장안리)을 王縣城(왕씨고을)이라 하였다는 것이다.

그리고 증수 임영지에는 "장안성(하장안성, 금산리 장안성)은 신라시대의 김주원이 세운 명주와 깊은 관련이 있는 성으로 본다."라고 하였는데도 학계나 강릉김씨 문중에서 이를 깊이 있게 연구하지 않은 듯싶다.

그러나 명주산성은 성산면 관음리 774번지에 있는 석성으로 원융국사가 창건한 安國寺 터의 주변 성곽을 말하고 있으며, 고려시대의 성곽으로 추정하고 있다. 신라시대의 성은 토성이라는 것이다.

즉 명주성(신라시대의 성)과 명주산성(고려시대의 성)은 명칭이 비슷하나 서로 다른 시대의 성이라는 것이다.

※ 이준선이 조사한 강릉지역 성곽현황

순번	성곽명칭	소재지	현황	비고
1	예국고성	강릉시 옥천동	옥천동과 금학동 경계	
2	강릉읍성	강릉시 명주동	석축잔존길이150미터, 높이1.8미터	
3	장안성	성산면 금산리 장안골	금산리 장안소곡지 산정상 원형토성	
4	우계성	옥계면 현내리 산10	반원형 토성 1키로미터 와편산재	

순번	성곽명칭	소재지	현황	비고
5	방내성	연곡면 방내리	동문, 서문 흔적, 상량문 현판	
6	보현(대공)산성	성산면 보광리 산1	높이2미터 둘레4키로 석성	
7	제왕산성	왕산면 왕산리 산1	둘레 0.4키로미터 와편산재	
8	칠봉산성	구정면 제비리 371-1	둘레 1키로미터 석성 성벽 잔존	
9	명주산성	성산면 관음리 774	좌불상 및 안국사 절터 석성	
10	금강산성	연곡면 삼산리	둘레 약4킬로미터 석성	
11	삼한산성	강동면 산성우리	둘레 약 0.5키로미터 원형 석성	
12	괘방산성	강동면 안인진리	길이 약 0.3킬로미터 석성	
13	고려성	강동면 정동진리	둘레 약 0.5킬로미터 석성	
14	왕현성	구정면 학산리(장안리)	길이 약 1킬로미터 토성	
15	하 장안성	강동면모전리(강동초교)	둘레 약 0.5킬로미터 토성	
16	석교리성	사천면 석교리	둘레 약 0.5킬로미터 토성	
17	향호2리성	주문진읍 향호리816	둘레 1킬로미터 석성 개간하였음	
18	향호리성	주문진읍 향호리 1028	사곡지 미확인	
19	영진리성	연곡면 영진리	경작지 토기와 와편 산재	
20	강문토성	강릉시 강문동	신라토성으로 전하고 있음	

※ 굴산사터(명주관아터)에서 발굴된 명주성 와당과 상장안성(금산리)에서 발굴된 명주성 와당이 강릉김씨 사적보감에 함께 기록되어 있다.

상장안성(금산리)의 명주성 와당(김준래 및 김남현교수 소장)과 굴산사지의 명주성 와당(강릉대학 박물관, 영남대학 박물관)은 모양과 크기가 비슷하나 굴산사지에서 발굴된 명주성 와당이 모양이나 형태가 더 뛰어나다는 것이다.

(강릉김씨 사적보감 154쪽 참조)

그리고 상장안성(금산리)에서 발굴된 "명주성 와당"과 굴산사지에서 발굴된 "명주성 와당"은 동일한 시대의 것으로 추정되며, 상장안성의 와당 발굴로 인하여 굴산사지가 명주의 치소성(명주성)이고 강동면과 성산면의 장안성이 상, 하, 방어성임이라는 실증적인 단서가 되었다. 상장안성은 명주도독의 피난성 이었기 때문에 城의 지붕을 명주성 와당으로 사용했을 것이라는 견해도 있음

※ 명주군왕의 치소성 명칭이 장안성, 왕현성, 명주성으로 다양하지만 장안은 헌창이 난을 일으킬 때 국호를 장안

이라 한 것으로 보면 장안은 제후국 명주도독의 또 다른 명칭으로 추정하고 있다.

때문에 王縣城은 王氏가 살았던 고을로 이 城은 명주군왕이 아니라 王乂이후 왕씨 호족이 살았던 城인데 王峴城으로 전해오고 있다는 것이다.

아직 발굴조사가 안되었지만 명주성의 성곽으로 추정이 되는 토성이 어단천을 해자로 선래(예서원)에서 시작되어 구정초교 까지 길이가 약1㎞에 이르며, 현재까지 그 모습을 간직한 채 자리 잡고 있다.

※ 굴산사의 지표조사는 1936년 대홍수 때 굴산사지에서 주춧돌과 계단 등 건물지 일부와 여러개의 명주성 와당 및 수막새가 발견되었다.

1983년 강릉원주대학교에서 용수로 개발을 위한 공사에 따라 긴급 발굴조사를 실시하면서 많은 유물이 발굴되었고 당간지주 일대가 굴산사의 중심 절터임을 재확인 하였다. 2002년 태풍 루사로 어단천이 범람하여 절터 중심부가 유실되어 강원문화재 연구소가 긴급 발굴조사를 한 결과 건물지의 주춧돌과 수많은 기와 파편은 물론 수막새 및 명주성 와당이 발굴되었다.

상기 발굴된 와당은 강릉김씨 사적보감 154쪽에도 수록되어 있다.

(강릉원주대학교 및 영남대학교 박물관, 강원문화재 연구소 자료 참조)

그런데 상장안성에서 발굴된 와당에도 명주성이라는 글씨가 쓰여 있다.

그런데 상장안성에서 명주성 와당이 발굴 되었다고 하지만 벼랑으로 둘러싸인 소곡지 정상에 과연 명주도독의 관아(명주성)를 지었겠느냐는 것이다.

그런데 그 곳은 고도(고대도시)가 들어설 터가 될 수 없다는 것이다.

※ 강릉에는 장안이라는 곳이 세 군데나 있다.

첫 번째는 학산의 양지말 일대를 말하는데 이곳을 "장안"이라고 한다.

그리고 이곳을 "왕현(王縣)" 이라고도 한다.

두 번째는 금산의 장골(장안골)을 말하는데 두 개의 작은 소곡지이다.

이곳은 옛날부터 마을 사람들이 장골(장안골) 이라하였다. 그런데 이곳 사람들은 장골의 城을 장안성이라 하지 않고 명주산성이라 하고 있다. 이 말은 산성(방어성)이지 읍성(치소성)이 아니라는 것이다.

그리고 이준선의 강릉지역 성곽현황 조사서에 명주산성은 "石城으로 길이가 3000보나 되었다고 한다." 라고 하였으며, 명주산성은 성산면 관음리 774번지(안곡리)에 있는 고려시대의 석성이라고 하였다.

세 번째는 강동면 모전리 강동초교 뒷산의 토성이 장안성(하장안성)이다. (이준선의 지리학 보고서,"강릉지역의 고대산성" 1982)

이처럼 세 개의 장안을 통해 성산면 금산리의 상장안성과 강동면 모전리에 있는 하장안성이 명주(장안)성의 방어성임을 증명하고 있는 것이다.

※ 장안과 명주성에 관한 기록

1). "장안이란 명칭은 명주군왕 김주원이 명주에 도읍하면서 붙여진 이름이 아닌가 생각한다." (완역 증수 임영지 54쪽)

2). 김흥술박사는 "명주성은 신라 말 명주군왕 김주원과 관련된 성으로 이해 되고 있다."라고 하였다. (임영문화 44집 28쪽 참조)

※ 학산(王縣) 마을은 지금도 "장안" 이라고 하지만, 상장안성의 마을은 장안골(장-골)이라 한다. 그리고 이곳에는 성 아랫마을 이라는 성해(성하)라는 지명 밖에 없으며, 관아(치소)를 지을 만한 터가 없다는 것이다.

즉 장-골은 명주군왕의 치소(관아)를 지을 수 없는 좁은 소곡지이며, 치소성(명주성)을 보증할 지명이 전혀 없다는 것이다.

그런데도 명주성 와당의 발굴로 이곳을 명주도독의 치소성이 있었던 곳이라고 주장하고 있다. 하지만 이곳은 좁은 소곡지로 명주의 치소(관아) 터로 적합하지가 않은 곳이다. (사학자들의 공론 임)

그리고 이곳은 경사면이 급한 산 정상(장안골)에 위치하여 사방을 감시하기 좋은 방어성 터로 매우 적합한 곳이다.

또한 이곳은 200평정도의 좁은 터로 한 채의 한옥(함달호 선생)과 작은 샘터가 있었을 뿐 더 이상의 집이 들어

설 공간이 없는 곳이다.

그리고 명주산성은 성산면 관음리 안국사 절터라고 지리학자 이준선의 지리학 보고서 "강릉지역의 고대산성" 1982에 기록하고 있다.

※ 강릉 명주산성 지표조사 보고서(2009 김남현 교수외 3명)의 명주산성(금산리)과 이준선 박사의 명주산성(안국사지)은 전혀 다른 것이다.

김남현 교수는 명주산성 지표조사 보고서에서 금산리 장안골을 명주의 치소성(읍성)이 라고 주장하였는데 성산면 금산리의 장안골은 치소성(명주성)을 방어하는 서쪽 방어성(상장안성)이며, 선행연구가 미흡한 연구보고서로, 명주성과 명주산성을 구분하지 못하고 있다는 것이다.

명주산성은 안국사지를 중심으로 하는 고려시대 석성이다. 그리고 읍성이 갖추어야 할 자연적 입지조건을 살피지 못하였을 뿐만 아니라 지표조사는 분석적이고 과학적이지 못한 사진촬영으로 발표하였다.

※ 현존하는 학산의 지명들이 명주군왕의 치소를 증명해주고 있다.

장안리(王縣)로 넘어가는 고개를 장안재(왕고개)라하며, 어단리, 옥봉, 선래, 군선강, 명선문, 봉화대, 금괭이, 칠성산, 왓골, 태봉(貞福阿只 공주의 태)과 같은 지명과 굴산사 북쪽 어단천을 해자로 선래(예서원)에서 시작되는 토성은 구정초교까지 길이가 약1㎞에 이르며, 굴산사지를 중심하여 사방으로 펼쳐진 넓은 들판은 명주의 2만 마군의 훈련 터와 만석군 터로 흠잡을 것이 없는 곳이다.

※ 강릉에는 居地 母鶴山, 死去地 城山也"라는 고사성어가 전해 내려오고 있다. 즉 강릉의 고대도시(명주도독의 읍성)가 母鶴山이라는 것이다. 그런데 금산과 공제는 남대천(알천)의 하천부지이며, 대부분 산지이다.

금산은 임경당 김열공께서 남대천 하천부지에 소나무를 심고 가꾸어 율곡선생님으로 부터 호송설(칭송)을 받았으며, 공제는 명종때 강릉부사 김첨경 강릉부사께서 공공사업으로 제방을 쌓아 수해를 막았다고 전하고 있으며, 조선후기까지 농사를 지을 수 없는 돌 장광이었다. 그리고 이곳은 조선말 강릉김씨 한림공 강릉선연파 중군댁 김진형님께서 하천부지 돌 장광에 소나무를 가꾸어 오랫동안 강릉시민의 소풍장소로 유명했던 공제버덩이었다. (2024년 현재 송림이 울창하다.)

그리고 성산은 풍수지리상 강릉의 死去地(묘자리)로 널리 알려져 왔으며, 관아 터로 전해오는 기록은 전혀 찾아볼 수가 없는 곳이다.

※ **임영고개는 북일면(오죽헌)에서 강릉(임영)으로 넘어오는 고개 이름이다.**

왕고개는 당연히 성덕면에서 王縣(왕씨 고을)으로 넘어가는 고개 이름이다.

그러니까 학산이 장안(명주성)일 때는 분명 장안재였다는 것이다.

고려 우왕과 공양왕이 넘어갔다고 왕고개라 했다는 전설이 내려오고 있지만, 우왕과 우왕의 비(최영장군의 딸)가 강릉으로 낙향했 다는 기록은 동주 최씨 족보에도 있다. 왕고개는 전설이 아니라는 것이다.

왕고개는 왕씨들이 사는 王縣(학산)으로 고려의 마지막 왕(우왕과 공양왕)이 피신 왔던 곳이며, 王縣(왕씨 고을)으로 넘나드는 고개이름이다.

※ 군선강을 따라 올라가면 하장안성 둔지(屯地)마을이 있는데, 이곳 병산골(兵山谷) 둔지(현 정감이 마을)에서 상시동으로 넘나드는 고개를 장안재(범울재)라고 하는데, 이 고개가 학산(장안)으로 넘나들던 동쪽 장안재이다. 이 고개는 신라 화랑들이 경주 감포에서 군선강 하구의 수군기지(해령수)를 통해 안인 역을 거쳐 하장안성인 장안재(범울재)를 넘어 와천을 따라 장안(학산)으로 드나들었던 옛길로 추정하고 있다.

군선강은 강 하구에 군함을 정박하는 수군기지(해령수)가 있어 軍船江이었는데, 조선성종 때 戍(수)가 폐쇄 되고 강릉부사 이집두가 강 하구의 바위기둥에 溟仙門 이라는 암각문을 새긴 후 郡仙江이라 하였다고 한다.

이처럼 강릉에는 학산(장안)으로 넘나들던 장안재가 몇 군데 있는데 내닐(내곡동)에서 학산2리 쪽으로 넘나드는 고개(현 구정면사무소 옆)와 섬섬석천을 건너 학산(장안)으로 넘어가는 "문그니재"도 이곳 사람들은 장안재라 하였다고 한다. 장안재의 유래를 모르는 사람들은 구정농협 좌측 王峴城으로 오르는 언덕만을 장안재 또는 왕고개라 하고 있다.

이처럼 학산(장안)으로 넘나드는 고개가 강동면의 동쪽과 구정면의 북서쪽에 두 곳이 있었다는 것은 학산이 신라시대에 명주도독의 관아가 있었던 명주의 소재지(장안)임을 증명해주고 있는 것이다.

즉 학산(장안)으로 넘나드는 장안재는 범울재(김기설의 지명유래), 장안재(왕고개), 문그니재(토박이의 증언)로 세 곳이나 있었다는 것이다.

그러나 구정초교 앞 왕고개는 도로를 새로 내면서 붙여진 이름이다.

※ 祖堂集 第17卷 溟州堀山 故 通曉大師

조당집은 당나라 5대에 걸쳐 중국과 한국의 선종역사와 선사 253명의 행적과 법어를 952년 중국의 균(筠)과 정(靜)이 기록해 놓은 책으로 범일국사(통효대사)에 대한 기록은 다음과 같다.

溟州堀山 故 通曉大師 鹽官法 諱 梵茵 鳩(鷄)林 官族 金氏
명주굴산 고 통효대사 염관법 휘 범인 구(계)림 관족 김씨
祖 諱 述元 官至 溟州都督 兼 平察 俗寬 猛臨人 淸風 尙在於
조 휘 술원 관지 명주도독 겸 평찰 속관 맹임인 청풍 상재어

民謠餘列 備於 傳乎, 基母 支氏 累業 豪門世 稱婦 範及
민요여열 겸어 전호, 기모 지씨 누업 호문세 칭부 범급

(해석) 명주굴산 고 통효대사는 염관법을 하신 분으로 이름은 범일이고 계림의 벼슬을 지낸 김씨 가문의 사람이다. 할아버지의 이름은 술원으로 명주도독을 지내신분이시며 겸손하고 백성을 잘 보살피시고 너그러우며 용맹으로 사람을 대하는 맑은 바람 같은 분으로 그 소문이 노래(민요) 가락에 전해 내려오고 있다.

그의 어머니 지(支)씨는 여러 대를 내려오는 호족집안으로 부녀의 모범이 되는 분이라고 전해내려 오고 있다. 이것을 범일국사의 탄생설화와 견주어보면 범일국사의 할아버지가 계셨던 명주도독 관아는 학산 이었다는 것이다.

이를 뒷받침하는 범일국사의 탄생설화를 보자.

옛날 학산 마을에 한 처녀가 우물에 가서 바가지로 물을 뜨니 바가지 속에 해가 떠 있었다고 합니다.

별 생각 없이 해가 담긴 그 물을 마신 처녀의 몸에는 그날부터 이상이 생기고 마침내 달이 차서 13개월 만에 사내아이를 낳았다고 합니다.

우물에 물을 먹고 아이가 생긴 처녀는 부모님의 노여움이

두려워 아이를 포대기에 싸서 뒷산 학 바위에 갖다 버렸는데 며칠 밤을 뜬눈으로 지새우다가 학 바위로 올라가서 보니 아기는 포대기에 싸인 채 고이 잠을 자고 있었고, 학이 날아와 날개로 아이를 감싸고 있어 범상하지 않은 아이라고 생각된 처녀는 아이를 집으로 데리고 와서 키웠다고 합니다.

해가 담긴 물을 먹고 생긴 아이라 하여 범일 이라고 불렀다고 합니다.

이처럼 조당집과 범일국사의 탄생설화를 교차검증 해보면 범일은 강릉시 구정면 학산리(장안) 학 바위에서 태어났으며, 범일국사의 할아버지께서 명주도독을 지내셨다고 하니, 당시 명주도독의 관아(명주성)는 범일국사가 태어난 학산(장안)에 있었다는 것을 입증해주고 있는 것이다. 즉 명주도독의 관아(명주성)가 학산에 있었다는 것이다.

※ 江陵 王氏

강릉에는 王氏가 현존해 있다.

고려 태조 왕건(王建)의 아들인 왕유(王裕)를 시조로 하고 있는 강릉王氏가 있는데 근거 문헌이 없어 정확한 세계

(世系)를 알 수가 없다.

그러나 강릉김씨 평의공파 王氏(왕김파)는 강릉을 본관으로 하고 왕예(王乂)의 후손이며, 김씨로 복성한 金輊를 시조로 하고 있다.

王乂는 강릉김씨 시조 김주원(金周元)의 7세손이다. 고려 태조 때 김주원의 7세손 金乂가 태조 왕건에게 王氏 성을 하사 받아 王氏로 살다가 王乂의 14세손 왕탄지(王坦之)에 아들 金輊(김지)에 이르러 다시 金氏로 복성(復姓)되었다. 이들을 강릉김씨 世系에서는 왕김파라고 하는데 지금도 구정면 학산(王縣)과 강동면 하시동리 일대에 집성촌을 이루고 있다. 이들은 王乂의 후손으로는 경열공(景烈公) 현손(玄孫) 김국모가 있는데, 그는 좌복야(左僕射)를 지내고 숙종실(肅宗室)에 배향(配享)되었다.

그런데 강릉王氏들도 이들과 함께 王乂의 후손인데 왕건의 아들 왕유를 시조로 世系를 이어가고 있다는 것이다. 이들 강릉왕씨는 1985년에는 총 4가구 19명이었는데, 2000년에는 총 449가구 1,526명인 것으로 조사되었다. 즉 강릉왕씨는 복성하지 못한 王乂의 후손들이라는 것이다.

- 정복규: 한국의 성씨 전문기자, 아시아뉴스 논설위원 -

※ 王乂의 후손들이 굴산사(명주의 관아터)가 있었던 구정면 학산리(장안리)에 집성촌을 이루고 살고 있었으며, 때문에 이 마을을 王縣(왕김파 마을)이라고 하는 것이다. 이것은 명주군왕의 관아(명주성)가 학산에 있었다는 것을 입증하고 있는 것이다.

이러한 것들은 상장안성(금산)과 하장안성(강동)이 명주의 치소가 있었던 학산(장안성)의 상, 하 방어성임을 밝혀주고 있는 증거 자료인 것이다.

※ 명주군왕 고도 기적비에 금산의 장안성을 명주의 고도가 있었던 성터라고 기록하고 있다. 이것은 1942년도에 건립한 기적비 건립위원들의 미흡한 조사로 발생된 오류라고 본다. (강릉김씨 사적보감 82쪽 참조)

그리고 1960년도에 세운 명주군왕 신도비문에는 강릉부 서쪽 10리에 명주성 와당이 발굴된 성산면 금산리의 장안성(상장안성)을 명주의 고도라고 지칭하였는데, 이 碑의 碑文을 이승만 대통령이 찬서하고 碑를 세운사람은 국회의원 김진만이라고 하였다. (강릉김씨 사적보감 77쪽 참조)

이 碑文을 이승만 대통령이 과연 찬서를 했을까? 라는 것이다.

이것은 비문의 권위와 절대성 때문에 직함을 빌린 것으로 보인다.

이처럼 왜곡된 사적의 기록은 강릉김씨 대종회가 속히 수정해야 할 것이다.

큰장안재(王峴)

※ 제보자 및 참고자료

≪제보자≫
1). 구정면 학산의 장안리(왕현)
   학산의 양지말을 말하는데 왕김파가 집단으로 살았던 곳이다.(학산교회 이두재 장로, 학산농원 김부기)
2). 강릉시 성산면 금산리의 장안골(상장안성)
   이곳은 해발 122미터 높이의 구릉으로 2개의 소곡지 (서쪽은 함계식, 동쪽은 함달호선생이 살았음)로 토성의 입구는 좁고 성의 외측은 급경사를 이룬 천혜의 자연조건을 갖춘 방어성으로 장골(장안성)이라 하였다. (토박이: 함계식, 함민식, 함영호, 어재교,)
3). 강동면 모전리의 하장안성 (이준선의 "강릉지역의 고대산성" 1982)
   강동초등학교 북쪽 구릉의 소곡지(골짜기)의 토성을 장안성이라 하였다. (평의공 회정공파 종손 김동환, 강동초교 졸업생 김진덕 교육장)
4). 강릉 왕씨의 내력
   정복규: 한국의 성씨 전문기자, 아시아뉴스 논설위원

5). 강릉 왕씨의 내력: 강릉왕씨 세손 왕종배

≪참고문헌≫
1). 완역 증수임영지(강릉시문화원)
2). 조당집
3). 강릉김씨 사적보감
4). 이준선의 "강릉지역 고대산성"
5). 강릉고을 땅이름 유래: 강릉시문화원, 김기설 저
6). 강릉의 지명유래와 사투리: 김동철 저.

범울이재
(아랫장안재)

문그니재
(웃장안재)

제 2 부

조상의 뿌리

1. 乙丑譜 序

予嘗讀子程子之語曰走獸知母而不知父飛禽知父而不知祖能知其祖者惟人也乃掩卷而喟然歎曰人而不知其祖之所自出則其何以有別於飛走乎嗚呼宗法不立而祖禰之統不明譜牒無述而姓氏之傳相亂雖世家大姓有能知其數十世之遠者乎.

　나는 일찍이 정자(程子)께서 한 말씀을 읽은 적이 있는데 그 말씀에 이르기를 '길짐승은 그 어미는 알아도 그 아비는 모르고 날짐승은 그 아비는 알아도 그 조상은 모른다고 하는데 능히 그 祖上을 아는 것은 오직 사람뿐이다.' 라고 하여, 이에 책을 덮고 한숨을 쉬면서 탄식하여 말하기를 사람이면서 그 조상(祖上)이 유래(由來)한 곳도 모른다면 그 무엇으로 짐승과 다름이 있겠는가? 아! 선조의 계통이 확실하지 않으면 종법(宗法)이 서지 않고, 족보(族譜)의 기록이 없다면 성씨(姓氏)의 전승(傳承)이 산란(散亂)하여 비록 세도(勢道)있는 家門의 大姓의 집안이라 할지라도 먼 선대(先代)의 그 수십 세(世)를 어찌 알 수 있겠는가?

雖有之不過千百之一二耳江陵之金氏出自新羅史稱脫解王得金櫝中小兒而收養之以金爲氏云卽漢明帝永平八年乙丑也永平之去天地生物之初四萬八千餘年則其間父子之相傳不爲不多而其名位有不可得而考者矣

비록 그것이 있다해도 千百에 한 둘에 不過할 뿐이다. 江陵金氏가 나온 것은 新羅史에 일컫기를 탈해왕(脫解王)이 금궤(金櫃)를 얻고 보니 그 안에 어린아이가 있어 金이라는 姓을 주고 그를 거두어 길러 姓氏가 되었다고 한다. 즉 이것이 漢나라 明帝 永平8年(65.乙丑) 乙丑年의 일이다.

영평(永平)의 시대(時代)가 가고 천지생물(天地生物)의 시작(始作)이 4만8천여년(餘年)인데 그 사이 부자간(父子間)에 서로 전(傳)함이 적지 않았을 것이고 명성(名聲)과 지위(地位) 또한 얻을 수 없는데도 이를 조사(調査)해 보려고 하는 사람은 반드시 있었을 것이다.

其初則父子之親而至於遠而泯沒而不得其名不亦可慨乎永平以降亦一千五百餘年矣年代固不可謂不久而幸而羅史之可考私譜之有傳而生乎今日得以上稽乎前古則豈非爲子孫者千萬之幸而所共盡心以圖永久其傳者乎江陵之人以金氏爲著姓藏其族圖於府司邑吏世守而相傳者古矣成化間李相國愼孝爲府使以其外家出於金氏因至正年舊本而傳寫爲圖今又七十餘年矣

그 처음은 부자간(父子間)의 친(親)함이 있지만 먼 곳에 또는 그 자취나 흔적도 없는 경우에 이르러서는 가령 그 이름조차 알 수 없다면 이 또한 개탄(慨嘆)스럽지 아니한가?

영평시대(永平時代)부터 또 1,500餘年이 흘렀다. 연대(年代)가 진실로 오래되었다고 하지 않을 수가 없으나 다행히 신라사(新羅史)가 있어 新羅의 역사(歷史)를 상고(詳考)할 수 있고 개인적으로 소지(所持)한 족보(族譜)가 있어 오늘에 이르러 옛날을 조사할 수 있으니 어찌 자손(子孫)이 아니겠는가?

운(運)이 좋게도 함께 마음을 다하여 영원(永遠)토록 그 전(傳)함을 도모(圖謀)할 것이니 江陵사람으로서 金氏가 이름난 가문(家門)이 되고 그 족도(族圖)를 부사읍리(府司邑吏)가 잘 소장(所藏)하여 여러 대(代)를 두고 지켜 내려오면서 서로 전한 것이 옛적의 일이다. 성화(成化) 연간(年間)에 상국(相國) 이신효(李愼孝)가 부사(府使)가 되었는데 그 외가(外家)가 金氏였기 때문에 원(元)나라 지정(至正)연간(年間)에 구본(舊本)을 가지고 전사(傳寫)하고 도표(圖表)를 만든 것이 오늘 또다시 70餘年이 되었다.

嘉靖辛酉予來爲宰視篆之初卽取譜而見之已多毀裂漫滅而其所登名者皆我高曾之兄弟叔姪而今無一人存者今日在世之子孫則無一人継錄於支裔之後者予於是慽焉而感悚然而懼

嗟乎若此而更延六七十載之久則千百載之幸
而得傳者爲可保其不至無傳於一日乎乃命邑
人爲之補綴舊譜而藏之且改爲新譜以與爲子
孫者共之而敍其所以作譜之例於左云
嘉靖四十四年正月旣望後人通訓大夫江陵大
都護府使　　　　　　　　　金添慶謹序

　가정(嘉靖) 辛酉年(1561)에 내가 宰相(재상)이 되어 처음으로 공무(公務)를 볼 때에 곧 족보(族譜)를 얻어 보고 이미 심히 닳고 찢어지고 훼손되었으나 그 族譜에 등재(登載)된 이름이 모두 나의 고조(高祖), 증조(曾祖)의 형제와 숙질(叔姪)로서 이제 한 사람도 생존(生存)하지 않고 오늘날 生存하여 있는 子孫들은 한 사람도 지손(支孫)의 후예(後裔)로 후(後)에 계록(繼錄)된 자(者)가 없었다. 나는 이에 슬퍼하지 않을 수 없고 소름이 돋아 몸이 오싹할 정도의 느낌이 들어 참으로 두렵고 개탄스러웠도다. 만약 이대로 다시 6,70年의 오랜 세월(歲月)이 흘러간다면 천백년(千百年) 동안 다행히 전하였던 것을 어찌 하루(一日)에 傳함이 없게(사라지게) 됨에 이르지 않을 것을 보증(保證)하겠는가?

그리하여 고을사람들에게 명하여 舊譜(구보)를 補綴(보철)하게 하여 所藏(소장)토록하고 또한 신보(新譜)를 고쳐 자손(子孫)된 者와 더불어 공유(共有)하고 순서를 정하게 하였다.

족보(族譜)의 예(例)를 만든 그 까닭은 이상과 같다.

가정44년 정월 16일. 후손 통훈대부 강릉대도호부사 김첨경 근서.

※ 을축보의 근거 자료

"영평시대(永平時代)부터 또 1,500餘年이 흘렀다. 연대(年代)가 진실로 오래되었다고 하지 않을 수가 없으나 다행히 신라사(新羅史)가 있어 新羅의 역사(歷史)를 상고(詳考)할 수 있고 개인적으로 소지(所持)한 족보(族譜)가 있어 오늘에 이르러 옛날을 조사할 수 있으니 어찌 자손(子孫)이 아니겠는가?

운(運)이 좋게도 함께 마음을 다하여 영원(永遠)토록 그 전(傳)함을 도모(圖謀)할 것이니 江陵사람으로서 金氏가 이름난 가문(家門)이 되고 그 족도(族圖)를 부사읍리(府司邑吏)가 잘 소장(所藏)하여 여러 대(代)를 두고 지켜 내려오면서 서로 전한 것이 옛적의 일이다. 성화(成化) 연간

(年間)에 상국(相國) 이신효(李愼孝)가 부사(府使)가 되었는데 그 외가(外家)가 金氏였기 때문에 원(元)나라 지정(至正)연간(年間)에 구본(舊本)을 가지고 전사(傳寫)하고 도표(圖表)를 만든 것이 오늘 또다시 70餘年이 되었다."고 기록하고 있다. 즉 획기적인 문헌자료가 없었다는 것이다. 신라사(삼국사기, 삼국유사)와 김첨경 부사가 개인적으로 소지한 족보, 그리고 李愼孝 부사가 구본을 전사하고 도표로 만든 것이 전부다.

※ 李居仁(강릉부사)은 고려말 원나라 至正年間(1341-1367)에 강릉김씨 족보의 일종인 왕족도(김알지에서 고려 말까지의 자손들의 세계를 정리하여 부사(府司)에 보관)를 작성하였다. 그 후 1476(성종7년) 강릉부사 이신효(李愼孝)가 李居仁이 작성한 왕족도를 전사(轉寫)하여 府司에 보관하였으나 임진왜란(1592) 때 모두 소실되었다고 한 것은 알 수 없는 일이다. 그리고 이신효는 강릉김씨의 외손이 아니라는 것이다.

※ 강릉김씨 족보는 1565(을축년)에 제일처음 편찬한 을축보를 비롯하여 1714년 갑오보, 1743년 계해보, 1797년 정사보, 등 무려 13번에 걸쳐 족보를 증수 편찬하였다.

명주군왕 능향대제

2. 乙丑譜의 잘못된 기록

※ 왕족도를 작성한 이신효가 강릉김씨의 외손이 아니며 강릉김씨 족도는 왕족도가 아니고 김주원의 가계도라는 것이다.(왕들의 가계도를 왕족도라 한다.)

조선의 청백리222에 이신효의 할아버지는 부사 이작(李作)이고 아버지는 경기도관 찰사 이의흡(李宜洽)이며, 어머니는 총제 문계종(文繼宗)의 딸이라고 하였다.

※ 무영대사의 비를 통해 강릉김씨의 조상은 문왕이 아니라 김인문이라는 것을 찾게 되었고, 대충은 문왕과 같은 시기에 태어났으므로 김인문의 아들은 대충이 아니며 삼국사기와 열전을 통해 진복으로 추정할수 있었다.

※ 옥경대주가 영길의 딸이 아니라는 것이다. 옥경대주는 왕건의 딸로 강릉최씨 평장파의 시조 최흔봉(왕건의 부마)의 처라는 것이다. 연대적으로 영길의 딸이 될 수 없다는 것이다. 그리고 옥경대주가 김주원의 사실을 왕건에게 전언하자 왕건은 만세지사라 하여 만세사를 지어 제례를 국가예산으로 봉행하도록 하라고 하였다는데 그 기록은 찾지 못하였다.(평장 최씨 대동보 참조)

※ 김양을 명원군왕(명주군왕)으로 추존한 왕이 신무왕 이라고 하였는데, 김양은 신무왕을 옹립하는데 공을 세웠고, 그 이후 김양의 딸이 문성왕의 비가 되었다.
 문성왕때 김양이 사망 하였으며, 사망한 후 명원군왕(명주군왕)으로 추존하였다.

※ 을축보와 사기를 통하여 교차 검증한 결과 김주원의 가계는 아래와 같다.

김주원(785년 명주군왕으로) - 김종기 - 김정여 - 김양(808-857) - 후사 ?
                                  김장여 - 김흔 - 후사가 없음
                        헌창 - 범문 - 순식 - 후사 ? (주왕사적 참조)
                      身(헌충) - 자사 - 동정 - (영진,영길,영견)

※ 영진의 아들 식희장군이 청도의 대작갑사(운문사)에서 손긍훈 장군과 함께 군사를 훈련시켜 후백제 견훤의 아들 신검이 대야성을 침공할 때 왕건을 도와 이를 물리친 공훈으로 왕건은 고려의 개국공신으로 삼한벽상공신 삼중대광태사 대장군에 봉하여 사후 운문사 조영당에 영정을 모셨는데 이에 대한 기록이 없다.

※ 평의공파는 영길 - 선희(862-?)- 김예(881-?)로 이어지는데 936년 일리천 전투에서 김예와 김순식이 왕건을 도와 후백제(견훤, 신검)를 물리치는데 공헌하였다.

때문에 후일 왕건에게 왕씨성을 하사받아 명주의 관아가 있던 학산(장안)에서 왕씨 고을(王縣)을 이루고 명주(강릉)를 지키며 살아온 강릉김씨 호족이다.

즉 명주의 관아가 있던 長安이 王縣(왕씨 고을)으로 바뀌게 됨으로 장안재도 王峴(왕고개)으로 명칭이 바뀌어 부르게 된 것으로 추정하고 있다.

이상의 사료를 통해 볼 때 김주원 이후의 시대사와 연대는 족보(을축보)에 별 문제가 없으나, 주원공 이전의 가계는 당대의 문장가 최치원이 기록한 성주사의 금석문인 낭혜화상 탑비와 삼국사기를 통해 교차검증으로 밝혀본 결과 문왕이 아니고 김인문이며, 대충(대장)은 문왕과의 활동연대가 거의 동일하므로 부자지간일수 없다는 것이다. (낭예화상 탑비와 삼국사기를 통해 교차검증)

※ 을축보 서문에 이신효의 외가(外家)가 金氏였기 때문에 원(元)나라 지정(至正)연간(年間)에 구본(舊本)을 가지고 전사(傳寫)하고 도표(圖表)를 만든 것이 오늘 또다시 70餘年이 되었다. 라고 하였는데 이신효는 강릉김씨의 외손이 아니라는 것이다.

(조선의 청백리222에 이신효의 할아버지는 부사 이작(李作)이고 아버지는 경기도 관찰사 이의흡(李宜洽)이며 어머니는 총제 문계종(文繼宗)의 딸이라는 것이다.)

※ 을측보에 옥경대왕(옥경대주)이 英吉의 딸로 기록되어있다.(연대적으로 맞지 않다.)

그런데 전주계 강릉최씨(평장파) 시조 최흔봉이 고려태조 왕건의 딸 옥경대주를 맞아 부마(대경공)가 되었다고 하였다. (평장최씨 대동보의 기록)

그렇다면 옥경대주는 분명 잘못 기록된 것이다.

그리고 英吉의 딸 옥경대왕(옥경대주)이 태조 왕건의 妃로 입궁하여 명주군왕의 퇴양지덕을 태조에게 전언하자 왕건은 만세지사라 하여 세묘(만세사)를 건립하고 제례를 官俸(국가의 예산)으로 해마다 봉행하도록 하였다는 내용이 영주 부석사의 원융국사 비명에 기록되어있다고 영길의 후손 군사공파가 주장하고 있는데, 그런 내용이 원융국사비에 전혀 없다는 것이다.

※ 김양은 김주원공의 증손자이다. 그런데 을축보에 신무왕이 김양을 명원 군왕(명주군왕)으로 추봉하였다고 기록하였는데 그렇지 않다.

김양(金陽)은 신무왕의 옹립에 공을 세우고 시중을 역임하였으며, 딸이 문성왕의 왕비가 되었으므로 문성왕대에 권세를 떨쳤다.

때문에 문성왕19년(857)에 金陽이 사망하니 문성왕은 김유신의 전례에 따라 무열왕 능열에 장례를 치르도록 하였고, 제3대 명주군왕으로 추봉한 것으로 추정한다.

즉 사후 명원군왕(명주군왕)으로 추봉한 왕은 신무왕이

아니고 문성왕이다.

※ 을축보 서문에 강릉김씨는 지정연간(至間:1341-1367) 이거인(李居仁)이 작성한 왕족도(王族圖)와 1476년(성종7) 이신효(李愼孝)가 작성한 왕족도가 있었는데, 이거인과 이신효는 강릉김씨의 외손들로서 둘다 강릉부사 재임시에 왕족도를 작성하여 부사에 보관하였다고 하였으나 이 왕족도는 임진왜란으로 소실되어 현전하지 않는다고 기록하고 있다. 이로 인하여 사실 유무를 밝힐 수가 없다.

그리고 김주원은 무열왕의 직계손으로 왕족임에 틀림없지만 김주원의 족도는 왕족도가 아니라 김주원공의 가계도라는 것이다.

무열왕의 왕족도는 무열왕-문무왕-신문왕-효소왕-성덕왕-효성왕-경덕왕-혜공왕으로 끝이 났으며, 김지정의 난을 평정시킨 김양상(선덕왕)과 김경신(원성왕)에 의해 김주원은 무열왕계의 왕계를 이어받지 못하였다.

3. 태종무열대왕의 家系

- 장남: 문무대왕(法敏)
- 차남: 김인문 ※ 무열왕과 문무대왕을 도와 통일신라를 이룩하는데 핵심역할
- 셋째 김문왕 ※ 문무대왕 5년(34세로 추정)에 사망
- 넷째 김노단 ※ 김노차와 김노단은 且와 旦의 착오이다.
- 다섯째 김인태
- 여섯째 김지경
- 일곱째 김개원

※ 강릉김씨 족보에는 태종무열왕의 아들이 개지, 문급, 차득, 마득을 합하여 11명으로 되어있으나 이 4명에 대한 기록은 문헌에서 찾아볼 수 없다.

- 장女 고타소공주 = 김품석(~642)의 처 : 백제와의 대야성 전투에서 전사
- 차女 요석공주 = 원효대사의 처 -아들 설총(655~?)
- 삼女 지소부인 = 태대각간 김유신(595~673) 의 처
- 4女 불명 = 원성왕의 증조모로 추정
- 5女 불명 = 신목왕후의 모친으로 추정

※ 강릉김씨 족보에는 고타소공주 와 지소부인 둘만 기록되어있다.

※ 강릉김씨 대동보의 기록 내용과 현재 학계에서 조사 연구된 기록내용이 다르다.

　이것은 을축보를 제작 할 당시 조사된 자료와 현재 학계에서 조사된 자료가 다르기 때문이라 할 수 있다.

※ 부언하면 삼국사기는 1145년 김부식과 조력자 참고(參考)8명, 관구(管句)2명 등 총 11명이 편찬한 官纂 역사서이다. 그리고 강릉김씨 을축보는 1565년 조선 명종 때 강릉부사 김첨경이 史料를 수집 정리하여 각판본으로 보철하였다.

　그러나 성주사 낭혜화상 백월보광 탑비(국보 제8호)는 대사의 업적을 기리고자 신라 진성여왕 4년(890년)에 왕

명으로 최치원이 글을 써서 세운 비로 가장 신빙성이 있는 史料(금석문)라 할 수 있다.
때문에 역사는 새로운 기록을 찾으면 계속 수정 보완 되어야 할 것이다.

태종무열왕릉제

4. 김주원의 家系

♣ 용수
♣ 태종무열대왕 춘추 (29대 654~661)
둘째아들 김인문(629~694) - 김진복 - 김사인 - 김유정 - 김주원 - 종기 - 김정여 - 김양
♣ 김주원
♣ 김종기(시중, 2대 명주군왕), 김정여의 장자 金陽(김종기의 손자, 3대 명주군왕)

3대 명주군왕 金陽의 자는 위흔(魏昕)이고 아버지는 파진찬을 지낸 김정여이다. 김양은 828년(흥덕왕3)에 고성태수가 되고, 이어 무주도독을 역임했으며, 839년(민애왕2)에 우징과 함께 민애왕을 죽이고 우징을 신무왕으로

추대하였으나 3개월 만에 죽자 신무왕의 아들 문성왕을 옹립하고 시중에 올랐다.

죽은 뒤 문성왕은 김양을 서발한(각간)으로 추증하고 김유신(흥무대왕)의 예에 따라 장례를 치르고 무덤은 태종무열왕 능열에 두었으며, 명원군왕(명주군왕)으로 추봉하였다. 이처럼 김양에 대한 활동은 많은 기록이 남아있다.
※ 그러나 아쉽게도 후손에 대한 기록이 없다는 것이다.

♣ 김헌창은 (웅진(熊津)에서 국호를 장안(長安, 연호를 경운, 822년) 김헌창이 난을 일으킴, 2차의 난 825년 김범문이 난을 일으킴

♣ 김신(헌충)의 자손인 영진(부정공파), 영길(평의공파), 영견(한림공파)으로 가계를 이어 내려오고 있다. 그러나 여러 가지 사료조사를 통해 볼 때 김인문도 후손이 있을 가능성이 있고, 김양도 후손이 있을 가능성이 있으나 아쉽게도 전해지는 기록이 없다. 김순식 또한 그렇다.

5. 명주군왕(김주원)의 조상

※ 태종무열왕 김춘추(金春秋)

신라 29대 태종무열왕이다. 진덕여왕이 죽자 군신회의의 추대를 받아 진골 출신으로는 처음으로 왕이 되었고 이로써 신라 중대의 시작이 되었다. 김춘추는 김유신과 처남 매부 사이가 되는 것으로 경주김씨와 김해김씨 사이에 결합을 이루었으며 통일 주도 세력을 형성했다. 왕권을 강화한 태종무열왕은 당나라의 원조를 받아 백제를 멸망시켰다. 그리고 태종무열대왕에게는 아들이 7명(족보에는 10명) 있었는데 장자 법민(法敏)이 문무대왕이 되었다.

※ 김인문(金仁問)

태종무열대왕의 둘째 아들로 어릴 때부터 유가 서적을 읽으며 학문에 관심이 많았다고 한다. 그의 이름부터가 '인(仁)을 (問)묻는다'라는 뜻인 '仁問'이라는 부분에서 아직 고유어 이름이나 불교식 이름이 많았던 신라 중고기 사회 분위기치고는 굉장히 유학적인 이름이다. '仁'은 유학이 추구하는 가장 기본적이며 궁극적인 덕목이다.

처음 기록에 나타난 행적은 진덕여왕 재위기 당시 친당 정책에 의해 651년, 23세 때 처음 당나라에 입조하여 653년까지 2년간 당에서 머물렀다. 이후 당 고종의 측근에서 숙위(宿衛)하기도 하고 당나라와 신라를 왔다 갔다 하며 양국 간 중재에 힘썼다. 기록을 보면 황해를 건너 당나라에 넘어간 것이 7번이고, 당에서 체류한 시기를 합하면 22년이다. 당에 머무르면서 황제를 비롯한 고위층과 교류하면서 유학자적 식견을 한층 더 갖추게 되었다. 655년 고구려, 백제, 말갈이 신라 북부 33개의 성을 점령해 큰 위기에 처했다. 656년 압독주(지금의 경북 경산시, 다른 이름은 압량주) 군주에 재직하면서 장산성을 쌓는 등 신라에 잠깐 잠깐 머물 때는 신라의 내정을 맡기도 했다. 압독주는 대야성 전투(642년)로 백제에게 대야성을 내준 이후 백제에서 신라 수도 서라벌을 공격하는 경로의 핵심 방어거점이었으며 바로 전까지 김유신이 지키던 곳이기 때문에 이것도 단순한 일개 지방 행정경력이 아니라 신라의 국방체계에서 대단히 중요한 역할을 맡았다.

김인문을 말할 때 보통 문관적인 면모가 강하지만 실제로는 외교만 한 것이 아니라 신라에서 큰 전투가 있을 때는 귀국해 지휘관으로 참여하기도 여러 번이었는데, 661년에 백제 부흥군과 교전해 이기기도 했고 661년 평양성 보급에 참여하는 등 2차, 3차 고구려-당 전쟁에 참여했고 그 중 668년 고구려 정벌 때는 항복한 보장왕을 당의 군영 앞에 데려다 놓고 당의 이세적 앞에서 보장왕의 죄를 물었다고 되어 있다.

이 전투의 공으로 식읍 500호를 받았는데, 보령 성주사지 낭혜화상탑비(국보 제8호)에 무려 200여 년이 지난 뒤에도 김인문의 후손인 김흔(金昕)이 보령에 대대로 그 식읍을 물려받아 가지고 있었다라고 신라의 문장가 최치원이 기록해 놓았다.

낭혜화상의 탑비에 "是吾祖臨海公(祖諱仁問唐醵伐獩貊功封爲臨海君公)受封之所"
(나의 조상인 임해공(臨海公) 휘(諱)는 인문(仁問)이고, 당나라가 예맥(고구려를 말함)을 정벌할 때에 공이 있어서 임해공(臨海公께서 봉토로 받은 곳입니다.)라고 하였다.
그런데 강릉김씨 대종회는 "是吾祖臨海公"에서 김흔이 임해공을 祖라 한 것은 윗대 先祖(윗대)라는 것이지 직계혈통(조상)이 아니라는 견해이다.
그러나 여기서 김주원의 증손자인 金昕이 말한 祖는 조상이라는 직계혈통이기 때문에 강릉김씨는 문왕의 후손이 아니라 김인문의 후손이라는 것이다.
김인문은 당 고종이 매우 좋아했다고 한다. 그런데 김인문이 당나라에 매여 있는 입장이다 보니 당나라에게 이용되기도 했는데, 665년 8월에는 신라와 웅진도독부를 동급으로 간주하는 웅령 회맹에 반강요로 참석하기도 했고, 670년 나당전쟁이 터지자 설인귀가 문무왕에게 보낸 서신에서는 '형(문무왕)은 역적의 우두머리가 되고 아우(김인문)는 충성스러운 신하가 되었다'라고 하는 등 이간시키려고 별짓을 다했다. 674년에는 형 문무왕이 멀쩡히 있는데도 동생 김인문을 문무왕 대신 명목상의 신라왕으로 책봉해 신라로 보내기도 했다. 중간에 끼인 김인문은 일단은 간곡히 사양했지만 어쩔 수 없이 보내졌다. 그러나 문무왕은 김인문의 입장을 이해하고 별달리 의심하지 않았고 김인문도 왕위에 대한 욕심을 보이지 않아 그냥 넘어간 것으로 보인다.

나당전쟁이 끝나고도 귀국하지 못했고 694년 66세의 나이로 당나라 장안에서 사망했으며, 시신은 신라로 이장되어 김유신과 같은 장례절차에 따랐으며, 태대각간으로 추증하고 연재2년(695) 10월 27일 도읍 서쪽 언덕에 관을 묻었다. (사기: 김인문 열전)

그리고 강릉김씨는 김인문의 후손이라는 설과 김문왕의 후손이라는 설이 있는데, 금석문인 당대의 문필가 최치원이 기록한 낭혜화상 탑비의 비문이 가장 믿을 수 있는 정설이라는 것이다. 때문에 강릉김씨는 문왕이 아니라 김인문이 조상이라는 것이다.

또한 김인문의 묘 바로 옆에 묻힌 김양도 강릉김씨의 조상이다.

※ 문왕(文汪)

태종 무열대왕의 셋째 아들로 삼국유사에는 김춘추의 서자로 되어 있으며, 648년 아버지 김춘추가 사신으로 당나라에 가서 나당연합을 맺어올 때 동행했고 당태종으로부터 좌무위장군(左武衛將軍)의 관직을 받았다고 했다.

김춘추는 곧 신라에 귀국했지만 문왕을 태종(당)의 옆에서 숙위하며 보좌하게 했는데, 이는 기록상 당에서 최초로 숙위한 신라인이다.

655년까지 당나라에서 지내다가 숙위를 윗형 김인문과 교대하며 귀국, 이후로도 656년 다시 사신으로 당나라에 가는 등 당나라 통으로 활동을 했다.

문무대왕 5년 655년 이찬 관등을 받았고, 658년에는 시중직에 임명됐다.

661년에 백제부흥운동군이 일어나자 김품일을 도와 사비성 근처에서 싸웠다.

665년 문무대왕 5년에 30대 중반을 넘기지 못하고 일찍 죽었는데, 왕자의 예로 장례를 치렀고, 당고종이 금과 비단을 지참해 조문했다고 한다.

그러나 보령의 성주사지 낭혜화상탑비를 보면 무려 200

여 년이 지난 뒤에도 여전히 김인문의 후손인 김흔(金昕)이 보령에 대대로 식읍을 물려받아 가지고 있었다고 하였으며, 또한 김주원의 증손자 金昕은 김인문이 조상(직계혈통)이라고 하였다.

때문에 강릉김씨는 문왕의 후손이 아니라 김인문의 후손이라는 것이다.

※ 김대장(大忠)

신문왕 6년 중시가 되었고, 신문왕 8년에 대장(대충)이 죽었다.(삼국사기 기록)

김대중(김대충)과 신문왕은 사촌간이라고 하는데 증명할 수 없으며, 강릉김씨 사적보감에 김대중과 김대충이 동일인이라고 하였는데 대장과 대충은 동일인일 수 없다는 것이다. 삼국사기에 대장으로만 기록되어있기 때문이다. 그러면 삼국사기를 살펴보자.

문무대왕의 형제가 사적보감에는 11명(법민, 인문, 문왕, 노단, 인태, 지경, 개원, 개지, 문급, 차득, 마득)이고, 삼국사기와 학계에 밝혀진 형제는 7명(법민, 인문, 문왕, 노차, 인태, 지경, 개원)이다. 그리고 삼국사기와 족보에

는 老旦, 삼국유사에는 老且로 되어 있는데 旦(단)과 且
(차)는 비슷한 글자 모양 때문에 빚어진 착오이지만 老旦
이 옳은 것으로 추정하고 있다.

그리고 삼국사기를 통해 문왕과 대충을 교차검증하면 문
왕은 김인문(629-694)의 아우이므로 김인문보다 2년후
에 태어난 문왕은 631년에 출생했다는 것이다.

그런데 문왕의 아들인 대중(대충)이 666년 35세로 사망
하였다고 하였으니 대장(대충) 이 아버지 문왕과 같이
631년에 태어났다는 것이다.

때문에 을축보는 교차검증이 안된 기록일 수밖에 없다는
것이다.

이밖에도 을축보는 간혹 왜곡된 기록을 하고 있는데 이
것은 찾는 대로 수정 보완해야 사가들로부터 조롱받는
것을 면할 수가 있을 것이다.

강릉김씨는 다행히 무열왕의 후손이기에 삼국사기가 이
를 검증해 주고 있다.

※ 김진복(金眞福)

668년 6월에는 김인문과 함께 흠순, 천존, 진복, 지경, 흠돌 등이 대당총관에 임명되었고 고구려 정복전쟁에 참여하게 된다.

삼국사기 열전 김유신편에 "661년 12월 10일 고구려 정벌차 부장군 인문, 眞福, 양도 등 9장군이 군대를 통솔하여 식량을 싣고 고구려 경계로 들어갔다. 임술년(문무왕 2년, 662) 정월 23일 칠 중하에 이르렀는데 사람들이 모두 두려워하여 감히 먼저 오르려 하지 않았다." 라고 기록하고 있다.

이것으로 보아 김인문이 아들 진복과 함께 전장에 출정한 것으로 보여 진다.

그리고 삼국사기 신문왕 본기를 살펴보면 당시 신문왕을 보필할 가장 강력한 인물은 서불한 이며, 상대등에 오른 眞福이 김인문의 아들로 추정되고 있다.

○. 신문왕 1年 秋七月 31대 신문왕이 즉위하다 (681년)
○. 신문왕 1年 秋八月 서발한 진복을 상대등으로 제수하다.
※ 서불한 진복은 신문왕을 보필할 적임자로 신문왕이 상대등으로 제수한 것은 가장 가까운 인척이기 때문일

것이다. 때문에 김인문의 아들로 추정 된다.

※ 김사인(金思仁)

김대장의 아들로 유난히 활발하게 정치 활동을 펼쳤다. 성덕왕 16년에 김유신의 손자 김윤중과 더불어 장군이 되었다. 그는 성덕왕 35년에 통일신라의 북방 경계선인 평양과 춘천 일대의 말갈족을 평정하기도 했다. 김사인은 효성왕 때에 열병 사열을 할 정도의 실력자였으며 경덕왕 4년에는 상대등이 되었다. 당시는 왕권이 전제화 하는 시기였다. 당연히 상대등은 왕권 견제 세력으로 왕과 라이벌 관계였다. 경덕왕 14년에 김사인은 현실 정치의 폐단과 왕실이 주도하는 한화정책을 극단적으로 비판하기도 했다. 한화정책이란 신라 왕실이 당나라의 문물이며 제도를 그대로 받아들이는 것과 아울러 전제왕권을 강화하는 정책이었다. 그것은 지극히 사대적이었기에 김사인을 비롯한 진골 귀족들의 강력한 반발을 불러왔다. 하지만 김사인은 세력 약화로 인해 2년 만에 상대등을 사임하였다.

김사인은 오래도록 북방의 군사 책임을 맡으면서 동해안

지역과 각별한 유대를 맺어왔었다. 그러기에 세력 만회를 위한 발판을 명주로 삼았던 것으로 보인다.

삼국사기에 의하면 732년(성덕왕 31)에 이찬으로 장군이 되었고, 741년(효성왕 5)에 노병(弩兵, 신라 때 화살을 발사하는 무기를 다루는 군인)을 검열하며 국방력을 강화시켰으며, 745년(경덕왕 4)에 상대등이 되었다.

그리고 757년 병으로 상대등 직을 사임하였다고 하였다.

※ 김유정(金惟正)

김유정은 명주에서 태어났으며 경덕왕 3년에 서라벌 왕실에서 시중을 지냈다.

김문왕 이후 3대가 연이어 시중을 지낸 것은 대단한 일이었다.

그런데 김유정은 병을 핑계로 시중 직을 버리고 명주로 귀향했다.

이 역시 세력 약화로 인해 빚어진 일이라 볼 수 있다.

당시 명주는 군사적 요충지로 서라벌과 양대 세력을 형성하던 곳이었고 김유정에겐 고향이었다. 그는 '신어 이야기 설화'의 주인공으로 명주 토착 세력가 집안의 연화낭자(박씨부인)와 결혼해 김주원을 낳았다.

※ 김주원(金周元)

周元公은 성덕왕 재위 시절 활동연대가 비슷한 김양상(선덕왕), 김경신(원성왕)과 함께 720년경에 태어난 것으로 추정하고 있다.

김주원공은 혜공왕 13년(778)에 시중에 임명되었고, 아버지 惟正은 경덕왕 3년(742)에 시중을 지냈으며, 할아버지 思仁은 경덕왕 4년(743)에 상대등을 지내셨다.

혜공왕16년(780) 이찬 김지정이 난을 일으키자 시중 김양상(선덕왕)과 상대등 김경신(원성왕)이 난을 평정하고, 김양상이 선덕왕에 즉위한다.

선덕왕(김양상)이 즉위 5년 만에 사망(785)하자 이어서 경신이 785년 원성왕에 즉위 하므로 김주원공은 외갓집이 있는 명주로 간다. 그리고 2년 후 원성왕은 김주원을 명주군왕으로 책봉하였고, 원성왕 6년(791)에 김주원공의 장자 김종기는 시중이 된다.

그런데 김주원공이 명주로 갈 때(785) 그의 나이는 50대로 추정하고 있다.

또한 경신(원성왕)이 798년에 사망하였으니 김주원의 사망연대도 그들과 비슷하지 않았을까 한다. 때문에 아들 헌창이 난을 일으켰을 때(822)는 김주원공의 나이는 80세가 지난 후이므로 돌아가신 것으로 보는 게 맞을 것 같다.

※ 김종기(宗基)

2대 명주군왕으로 원성왕 6년(790) 시중을 지냈으나 천재지변에 대한 정치적 책임을 지고 그해 10월 시중직을 사임하였다. 그 후 제2대 명주군왕을 하였다.
그리고 김제평야에 제방(碧骨提)을 막아 간척사업을 하였다. 김종기는 장남 김정여(명원군)와 차남 김장여를 두었는데 장남 김정여의 아들이 金陽(김종기의 손자)이다. 그리고 김장여의 아들은 金昕이다.

※ 김양 (金陽)

3대 명주군왕으로 김정여의 장자이시다.
金陽의 자는 위흔(魏昕)이고 아버지는 파진찬을 지낸 김정여이다.

828년(흥덕왕3)에 고성태수가 되고, 이어 무주도독을 역임했다.

839년(민애왕2)에 우징과 함께 민애왕을 죽이고 우징을 신무왕으로 추대하였으나 3개월 만에 죽자 신무왕의 아들 문성왕을 옹립하고 시중에 올랐다.

죽은 뒤 문성왕은 김양을 서발한(각간)으로 추증하고 김유신(흥무대왕)의 예에 따라 장례를 치르고 무덤은 태종무열왕 능열에 두었으며, 명원군왕(몀주군왕)으로 추봉하였다. 이처럼 김양에 대한 활동은 많은 기록이 남아있다.
※ 그러나 아쉽게도 후손에 대한 기록이 없다는 것이다.

※ 헌창 (憲昌)

김헌창은 김주원의 둘째 아들로

《삼국사기》 신라본기 헌덕왕 14년 3월의 원문을 보면…
"三月 熊川州都督憲昌 以父周元不得爲王 反叛 國號長安 建元慶雲元年" "3월, 웅천주(熊川州) 도독 헌창(憲昌)이 그의 아버지 주원(周元)이 임금이 되지 못했다는 이유로, 반역을 일으켰다.
국호를 장안이라하고 연호를 경운 원년이라 했다"

난이 실패로 끝나자 헌창은 자결했다고 기록하고 있다.

※ 범문 (梵文)

범문은 헌창의 아들로 아버지(헌창)의 난이 실패로 끝나자 2차의 난을 일으켰으나 실패하자 삭발을 하고 석병산(주왕산)에서 은둔생활을 하며, 죽는 날 까지 신라의 왕권회복 운동을 하였다.

범문의 활동연대와 업적은 허월스님과 거의 일치함으로 범문과 허월은 동일인으로 보고 있다. (주왕사적 참고)

※ 순식 (荀息)

순식은 허월스님(범문)의 아들이며, 명주의 장군으로 고려의 건국에 왕건을 도왔던 인물이다. 英吉의 손자 金乂와 함께 서기 936년 고려의 왕건을 도와 후백제의 신검(견훤의 아들)과 일리천에서 맞붙은 전투에서 승리함으로 후삼국시대를 종결짓게 하였다.

이 전투의 승리로 왕건은 통일된 고려를 건국하였고, 김예와 김순식은 왕건에게 왕씨 성을 하사받아 왕예와 왕순식이 되었다.

※ 범일국사 (梵日)

범일(梵日, 810년~889년)은 신라의 승려이다. 신라 구산선문 중 사굴산파를 처음 만들었다. 성은 김씨, 경주 출신이며, 품일(品日)이라고도 한다. 할아버지는 명주도독을 지낸 김술원(金述元)이며, 어머니는 지(支)씨이다. 시호는 통효대사(通曉大師)이며, 탑호는 연휘(延徽)이다.

15세에 출가하였고 20세에 구족계를 받았으며, 831년(흥덕왕 6) 왕자 김의종(金義宗)과 함께 당나라로 갔다. 여러 고승들을 찾아 배우던 중 제안(齊安)을 만나 성불(成佛)하는 법을 물었는데, 제안이 "도는 닦는 것이 아니라 더럽히지 않는 것이며, 부처나 보살에 대한 소견을 내지 않는 평상의 마음이 곧 도이다."라고 하였다. 이 말을 듣고 범일은 크게 깨달았다. 제안의 문하에서 6년 동안 머물다가 유엄(惟儼)을 찾아가 선문답(禪問答)을 나누고 인가를 받았으며, 847년 신라에 돌아왔다.

범일은 15세에 출가하여 20세에 구족계를 받았으며, 831년(흥덕왕 6) 왕자 김의종(金義宗)과 함께 당나라로 갔다가 847년 신라에 돌아와 신라 구산선문 중 사굴산파를 처음 만들었다.

851년까지 백달산에 머무르며 정진하다가 명주도독의 청(명주성)에 굴산사(崛山寺)를 창건하고 이곳에서 40여 년 동안 후학을 가르쳤다고 한다. 그때 경문왕·헌강왕·정강왕이 차례로 국사(國師)로 받들어 경주로 모시고자 하였으나 모두 사양하였다고 한다.

그리고 각종 사료(조당집, 낭혜화상 탑비, 주왕사적)의 교차검증 결과 범일국사는 범문(허월스님)과 4촌 이내의 형제로 추정되므로 범일국사는 김주원의 후손이 확실하다는 것이다.

특히 조당집에 범일국사(810-889)의 할아버지가는 김술원(명주도독)이고, 어머니는 支씨(호족집안으로 부녀의 모범이 되는 분)이라고 하였다.

때문에 연대로 보아 김술원과 김주원은 동일인으로 추정되므로 범일국사는 김주원의 손자라는 것이다. 헌창의 아들이거나, 身(헌충)의 아들이라는 것이다.

범일국사의 아버지가 누구인지를 밝히지 못하고 있지만 조당집의 기록에 의해 활동 연대를 교차검증해보면 범일국사는 김주원의 손자임이 확실하다.

따라서 조당집과 삼국사기, 주왕사적을 통하여 교차검증

을 하면 범일국사는 헌창의 아들이거나 헌충(身)의 아들이며, 헌창의 아들 범문(허월)과는 가까운 형제라는 것이다. 또한 주왕사적을 해석해보면 통효대사(범일국사)는 중국에서 돌아와 석병산(주왕산)에 범문(허월)을 찾아 갔다고 하였으며, 석병산 암자에서 범문과 함께했던 제자들은 서역(명주)의 영은사 창건으로 서역(명주)으로 돌아갔다고 하였다.

때문에 후일(1788년) 신겸에 의해 범일국사의 진영을 영은사에 모셨다고 한다.

889년에 굴산사에서 입적했다.

무월랑과 연화낭자

6. 강릉김씨 왕족도

　을축보와 명원세기에 강릉김씨 왕족도를
　김춘추(무열왕)-김문왕-대충-사인-유정-김주원이라고 기록하고 있는데, 이것은 김주원의 가계도이지 왕족도가 아니라는 것이다.

※ 김주원의 가계도를 삼국사기를 통해 추정해 보면 다음과 같다.

　용수(용춘)-김춘추(무열왕)-김인문(무염대사비)-서불한,김진복(신문왕,상대등)-
　김사인(효성왕,상대등)-유정(경덕왕,중시)-김주원(혜공왕,중시)
　김주원-김종기(원성왕,시중)-정여(명원군)-김양(문성왕,시중,명원군왕)-?
　　　　헌창-범문(허월)-김순식-? (주왕사적 참조)
　　　　신(헌충)-자사-동정-(영진, 영길, 영전)
　　　　　　범일(범일국사는 헌창 또는 헌충의 아들로 추정 됨)

※ 김주원의 증손자 昕이 무염대사와 자신(昕)은 김인문을 조상으로 하고 있다고 성주사 낭예화상 탑비에 최치원이 기록하여 놓았다. 때문에 김문왕은 김주원의 선조이지 조상은 아니며, 또한 문왕은 무열왕의 서자라고 삼국사기에 기록되어 있다. 그런데 명원세기에는 문왕을 진평왕 52년(631)에 문명왕후(문희)가 무열왕 잠저에서 낳았다고 왜곡하고 있다.

삼국사기에 무열왕의 서자라고 하였으니 문왕의 어머니는 분명 문명왕후가 아니라는 것이다. 또한 문왕의 아들 대충을 삼국사기를 통해 교차검증해보면 두 사람은 같은 시기(문왕은 631년 탄생, 666년 사망, 대충은 687년 중시, 689년 사망)에 태어났으므로 부자지간이 될 수 없다는 것이다.

그리고 명원세기에는 대충이 선덕여왕 11년(643년)에 태어났다고 하였다.

그렇다면 문왕이 12살에 대충을 낳아야하는데 이치에 맞지가 않다.

때문에 명원세기는 강릉김씨 역사를 날조한 僞書(위서)라고 한다.

그리고 당시 문무대왕(법민)의 대를 이은 신문왕을 보필할 가장 강력한 인물로는 고구려를 정복할 때 김인문과 함께 참전한 서불한 김진복(김인문의 아들로 추정)이며, 왕을 보필할 적임자이기 때문에 상대등에 임명한 것으로 보인다.

그렇다면 강릉김씨의 가계도는 무열왕 - 인문 - 진복 - 사인 - 유정 - 주원으로 이어진다는 것이다.

★ 무열왕(김춘추)의 왕족도

왕족도라 함은 태종무열왕계의 직계손으로 왕위에 오르신 무열왕 - 문무왕 - 신문왕 - 효소왕 - 성덕왕 - 효성왕 - 경덕왕 -혜공왕을 일컫는 왕들의 世系이다.

7. 명주군왕의 작위

※ 명주군왕이란 작위는 《삼국사기》나 《삼국유사》에서 전혀 찾아볼 수 없으나 명주군왕에 관한 기록이 조선 시대 (1481년)에 쓰여 진 《동국여지승람》에서 찾아 볼 수 있는데 지리서의 특성상 당대까지 내려오던 전설을 참고하여 집어넣었을 가능성이 높다고 본다. 때문에 학계에서는 이 작위가 실제 내려졌는가에 대해서는 부정적으로 본다. 그런데 삼국사기 문성왕 본기에 839년 문성왕 즉위하고, 4년 뒤 843년 문성왕은
위흔(김양)의 딸을 왕비로 삼았으며, 재위 9년 848년 이찬 위흔(김양)이 시중이 되다.라고 하였고, 삼국사기 열전 김양 편에는 문성왕 19년, 857년 8월 13일 김양이

자기 집에서 돌아가시니 향년 50세였는데, 부음을 들은 대왕이 크게 슬퍼하며 서발한을 추증하고 부의와 장례를 김유신의 예와 같게 하여 그해 12월 8일 태종대왕의 능열에 배장 하였다고 하였다. 이처럼 김유신을 흥무대왕으로 추존하여 장례를 치렀으니 아버지인 정여(명원군)를 뒤이은 김양도 명원군왕(명주군왕)으로 추존하였다는 것이다.

이것은 김주원과 김종기가 명주군왕이었기에 추존된 것이다. 그리고 김양은 신문왕의 종부형이며, 문성왕의 장인으로 당시 권력이 막강하였다고 보아야한다.

그리고 김양의 증조부는 김주원(1대 명주군왕)이고 조부 종기는 2대 명주군왕이며, 아버지는 정여는 명원군(헌창의 난 때문인 것으로 추정)이다.

이러한 것은 김주원공의 작위가 명주군왕이었다는 확실한 증거 자료가 되는 것이다.

을축보에는 명주군왕의 장자 종기(宗基)가 溟州郡王을 습봉하였다고 기록하고 있다.

8. 명주군왕의 명주관할 식읍

　삼국사기나 삼국유사에서 찾아볼 수 없으나, 1778년 안정복이 쓴 동사강목 권5에

　"무인년 원성왕 14년 김주원을 봉하여 명주군왕으로 삼았다. 김주원은 처지가 핍박되고, 정사에 의심을 받게 되므로 오랫동안 명주에 거주하게 되었다.

　이에 명주, 익령(지금의 양양), 삼척, 울진, 근을어(지금의 평해), 등의 군현을 주어 그의 식읍으로 삼으니 그 자손들이 세습하였다."라고 동국여지승람에 기록하고 있다.

　※ 이는 명주군왕의 식읍보다는 명주군왕의 통치권역으로 보는 견해가 옳을 것 같다.

　때문에 명주(강릉), 익령(양양,속초), 삼척, 울진, 근을어

(평해)와 강릉사투리 권역인 평창, 정선, 영월, 횡성일부, 홍천내면, 그리고 청송, 안동까지가 통치권역 이었다.

※ 9군 25현

명주(溟州) : 지금의 강원도 강릉시 일대로, 4개 영현(領縣)을 관할하였다. 치소는 지금의 강릉도호부 강릉읍성(江陵邑城)과 찾지 못한 예국고성(濊國古城), 그리고 신라시대에 명주도독 관아인 명주성이 있었던 학산(장안)이 있으며, 명주성의 방어용 산성으로 서쪽 금산리에 명주산성(溟州山城)을 두었다.

정선현(旌善縣) : 지금의 강원도 정선군 정선읍 일대로, 정선현의 성곽으로는 정선 애산리 산성과 정선 고성리 산성 등이 있다.

속제현(棟隄縣) : 지금의 평창군 용평면 속사리 일대 혹은, 강원도 정선군 임계면 일대로 비정된다. 속제현의 성곽으로는 평창 대화산성(大和山城), 정선 송계리 산성

지산현(支山縣) : 지금의 강원특별자치도 강릉시 연곡면 일대로 비정된다. 지산현의 성으로는 연곡면의 교허성(校虛城, 방내리성)이 있으며, 영진리 고분군이 있다.

동산현(洞山縣) : 지금의 양양군 현남면 동산리 일대로 비정된다. 동산현의 성으로는 현남면의 후포매리 산성이 있으며, 후포매리와 원포리에 고분군이 남아 있다.

곡성군(曲城郡) : 지금의 경상북도 안동시 임하면 일대로, 1개 영현을 관할하였다.

연무현(緣武縣, 椽武縣) : 이화혜정의 소재지이다. 지금의 경상북도 청송군 안덕면

진안현(眞安縣) : 지금의 경상북도 청송군 진보면

적선현(積善縣) : 지금의 경상북도 청송군 청송읍(연무현, 이화혜현)

야성군(野城郡) : 지금의 경상북도 영덕군 영덕읍 일대로, 2개 영현을 관할하였다.

유린군(有鄰郡) : 지금의 경상북도 영덕군 영해면 일대로, 1개 영현을 관할하였다.

해아현(海阿縣) : 지금의 경상북도 포항시 북구 청하면과 송라면

울진군(蔚珍郡) : 지금의 경상북도 울진군 울진읍 일대로, 1개 영현을 관할하였다.

해곡현(海曲縣)[13] : 지금의 경상북도 울진군 원남면 덕신리

나성군(奈城郡) : 지금의 영월군 영월읍 일대로, 3개 영현을 관할하였다.

자춘현(子春縣) : 지금의 충청북도 단양군 영춘면

백오현(白烏縣) : 지금의 강원도 평창군 평창읍

주천현(酒泉縣) : 지금의 강원도 영월군 주천면

삼척군(三陟郡) : 지금의 강원도 삼척시 일대로, 4개 영현을 관할하였다.

죽령현(竹嶺縣) : 지금의 강원도 삼척시 일대

만경현(滿卿縣) : 지금의 강원도 삼척시 일대

우계현(羽谿縣) : 지금의 강릉시 옥계면 일대로, 우계현의 성으로는 우계산성이 있다.

해리현(海利縣) : 옛 강릉시 옥계면 묵호읍 일대

수성군(守城郡) : 지금의 고성군 간성읍 일대로, 2개 영현을 관할하였다.

동산현(童山縣) : 지금의 양양군 동산리

익령현(翼嶺縣) : 지금의 양양군

고성군(高城郡) : 지금의 북한 강원도 고성군 고성읍 일대로, 2개 영현을 관할하였다.

환가현(豢猳縣) : 지금의 고성군 고성읍

편험현(偏嶮縣) : 지금의 북한 강원도 고성군 운전리 외 금강면

금양군(金壤郡) : 지금의 북한 강원도 통천군 통천면 일대로, 5개 영현을 관할하였다.

습계현(習谿縣) : 지금의 북한 강원도 통천군 장대리

제상현(隄上縣) : 지금의 북한 강원도 통천군 벽암리

임도현(臨道縣) : 지금의 북한 강원도 통천군 염성리

파천현(派川縣) : 지금의 북한 강원도 통천군 패천리

학포현(鶴浦縣) : 지금의 북한 강원도 통천군 군산리

※ 명주의 9군 25현에 **곡성군(曲城郡)** : 지금의 경상북도 안동시 임하면

연무현(緣武縣, 椽武縣) : 이화혜정의 소재지로 지금의 경상북도 청송군 안덕면

진안현(眞安縣) : 지금의 경상북도 청송군 진보면

적선현(積善縣) : 지금의 경상북도 청송군 청송읍(연무현, 이화혜현)

이 포함된 것을 보면 주왕산은 명주군왕 김주원의 아들 김헌창(후주천왕, 주왕)과 무관하지 않음을 입증하고 있는 것이다.

9. 백월보광 무염대사 탑비

금석문인 국보 제8호 백월보광 낭혜화상(무염대사) 탑비에

入王城, 省母社, 大歡喜曰:"顧吾疇昔夢, 乃非優曇之一顯耶? 願度來世, 吾不復撓倚門之望也。"已矣迺北行, 擬目選終焉之所。會王子昕懸車, 爲山中宰相, 邂逅適願, 謂曰:"師與吾俱祖龍樹 乙粲, 則師內外爲龍樹令孫, 直瞠若不可及者。而滄海外, 躡瀟湘故事, 則親舊緣固不淺。有一寺在熊川州 坤隅, 是吾祖臨海公受封之所。間劫嬄流裁, 金田半灰。匪慈哲, 孰能興滅繼絶? 可强爲朽夫住持乎。"大師答曰:"有緣則住"

(해석) 왕성에 들어가서 모친을 찾아뵈니, 모친이 크게 환희하며 말하기를, "돌이켜 보건대, 내가 옛날에 꿈을 꾼 것은 바로 우담(優曇)이 한번 꽃을 피운 것이 아니겠느냐. 내

세에 제도되기를 바라노니, 내가 다시는 의문(倚門:문에 기대어 기다리는 어머니)의 바람에 흔들리지 않으련다." 하였다. 이에 북쪽으로 길을 떠나 여생을 마칠 곳을 직접 눈으로 확인하고 고르려고 하였다. 그때 마침 왕자(王子) 흔(昕)이 벼슬을 그만두고서 산중재상(山中宰相)처럼 지내고 있었는데, 대사를 만나고 싶은 평소의 소원을 풀고는 말하기를, "대사와 나는 모두 용수(龍樹) 을찬(乙粲:伊飡)을 조상으로 모시고 있습니다. 그러고 보면 대사는 내외(內外)로 용수(龍樹)의 후예가 되는 셈이니, 참으로 휘황해서 따라갈 수 없는 분이라고 하겠습니다. 그런데 나는 창해(滄海) 밖에서 소상(瀟湘) 지역을 함께 답사한 추억이 있으니, 친구로서의 인연 역시 결코 얕지 않다고 할 것입니다. 웅천주(熊川州: 공주) 서남쪽 모퉁이에 사찰 하나가 있는데, 이곳은 우리 조상인 임해공(臨海公)이 봉지(封地)로 받은 곳입니다. 중간에 병란의 재해를 당한 나머지 금전(金田)이 반쯤 잿더미로 변하고 말았는데, 자애롭고 명철한 분이 아니라면 어느 누가 없어진 것을 다시 일으키고 끊어진 것을 다시 이을 수 있겠습니까. 억지로라도 못난 나를 위해서 그곳에 주지(住持)해 주십시오." 하니, 대사가 대답하기를, "인연이 있으니 머물러야

하겠지요." 하였다.

※ 무염대사가 진성여왕 2년(888년)에 89세로 입적하자 2년 후(890년)에 대사의 업적을 기리고자 최치원이 왕명을 받아 비문을 쓰고, 글씨는 사촌동생 최인곤이 써서 비를 세웠다고 한다.

※ 탑비의 내용에 "師與吾俱祖龍樹, 是吾祖臨海公受封之所"라고 용수와 임해공(김인문)을 祖(조상)라고 하였다.
그리고 임해공이 받은 봉지가 잿더미가 되어 200여년이 지난 지금 다시 일으켜 대를 이을 수 있는 분은 무염대사가 아니겠느냐고 하였다.
이것은 김주원이 김인문의 후손이라는 증표이다.

성주사 백월보광 무염대사 탑비

10. 주왕사적과 강릉김씨

　주왕산은 바위가 병풍처럼 서있다고 하여 석병산이라 부른다.
　조선시대 신 동국여지승람이나 대동여지도에는 주방산이라 되어있고, 청송군 읍지에는 대둔산이라 되어있다. (신라시대에는 청송군도 명주의 관할이었다.)
　그러면 周王山이라고 하는 주왕(周王)은 누구였을까?
　전설에 의하면 중국의 주나라 왕이 당나라에 반기를 들고 이곳에 피신하였다는 설과
　김주원공이 785년 경신(원성왕)에게 왕위에 밀려 명주군왕으로 강릉에 올 때 잠시 이곳에 머물렀다하여 주왕산(周王山) 이라 하였다고 하는데, 주왕사적에 의하면 주왕은 명주(장안)의 후주천왕이신 헌창을 주왕이라 하였다는 것이다.

그리고 비기로 기록되어 전해오고 있는 주왕사적의 내용은 왕권을 회복하려고 난을 일으킨 헌창의 꿈을 이루기위한 아들 범민의 일대기라고 한다.

 비기로 남긴 이유는 신라의 왕권을 회복하려는 김주원가의 투쟁기록 이기 때문이다.

 다시 말해서 주왕사적의 이야기는 헌덕왕14년(822) 때 김주원(周元)이 왕이 되지 못한 불만에 반란을 일으켜 실패한 헌창의 꿈을 이루려는 범문의 비기라는 것이다.

 즉 주왕사적은 실패한 헌창의 난과 그 꿈을 실현하려는 아들 범문이 대전사의 승려(대전도군)로 은신해 있으면서 비기로 남긴 기록물이라고 한다.

 눌웅(범문)은 이 비기(주왕사적)를 주왕산 사창동에 작은 암자를 짓고, 가리비 조개바위 밑에 숨겨두었다. 그런데 114년 뒤 1034년에 눌웅의 뜻대로 개봉 되었으나 개봉한 사람은 "재주 없는 사람"이라고만 기록하고 있다.

 주왕사적에서 범문을 눌웅과 대전도군으로, 헌창을 후주천왕(주왕)이라 칭하고 있는 것으로 추정하고 있다. 그리고 주왕사적은 비결편(반란과정)으로 시작하여 뒷부분에 가서는 헌창(주왕)의 꿈을 실현시키려는 활동과 계획을 덧붙여

놓았다.

비결편은 주왕산에서 일어난 사실을 숨기기 위하여 중국과 관련된 이야기로 꾸며져 있어 시간과 공간에 혼란을 줄 뿐 아니라 등장인물 까지도 가명을 쓰고 있는데,

주왕사적 초두에 "복야상서라는 벼슬을 지낸 주의(周顗)의 7세손 도(衜)의 처 위(魏)씨가 나이 40이 되도록 아이가 없었는데 옥정산(석병산)에서 기도하고 인월 인일 인시에 떨어지는 氏星이 품안으로 들어오는 꿈을 꾸고 임신(姙娠)하여 열세 달 만에 아들을 낳았다. 그 아이는 골격이 남달리 크고 치아도 이미 나 있었다. 태어나던 날 인시 말에 옥정산 으로 부터 백호(이마가 흰 호랑이)가 멧돼지 한 마리를 놓고 갔다. 온 집안이 이를 이상히 여겼고 그로부터 3일이 지난 병진일에 여남공(父)은 손님들을 모아 연회를 베풀었는데 이때 그 아들의 이름을 지어 주면서 말하기를 도(鍍)라 공표 하고 자(字)는 광로라 하였다." 이를 김주원의 가계와 교차검증을 하면 주의(周顗)에 7세손이 도(衜)라 하였고, 도(衜)의 아들이 도(鍍, 광로)라 하였다.

이를 근간으로 世系를 그려보면 周顗(용수)-周衜(김주원)-周鍍(헌창,광로)로 이어진다.

때문에 周顗(주의)는 용수이고, 周顗(주의)에 7세손 周衒(주도)는 김주원이며, 周衒(주도)의 아들 周鏶(주도)는 헌창이다. 여남공은 헌창의 아버지 김주원을 말하고 있다.

김헌창은 웅천주에서 난을 일으켜 완산주, 청주, 사벌주를 장악하고 나라이름을 장안(경훈)이라 하였지만 관군에게 패하여 자결하였다고 사기에 기록돼 있다.

그러나 아들 범문은 아버지(헌창)의 뒤를 이어 재차 난을 일으켰지만 실패하여 석병산에 들어가 삭발을 하고 법사(눌웅)로 은둔생활을 하였다고 한다. (사망하지 않음)

그리고 주왕사적 내용을 살피다보면 통효대사(범일국사)는 중국에서 돌아와 석병산(주왕산)으로 범문(허월)을 찾아갔다가 삼척의 영은사 창건으로 향산(명주)으로 돌아올 때 제자 낭원대사(보현사 창건)와 行寂이 함께 왔다고 하였다.

때문에 후일(1788년) 신겸에 의해 범일국사의 진영을 영은사에 모셨다고 하는데 이것은 주왕사적이 범문(헌창의 아들)의 일대기와 무관하지 않다는 증거이다.

이처럼 난해한 주왕사적을 연구하는 청송군의 김규봉선생은 이 비기가 대전사를 창건한 눌웅(대전도군)이 기록했으며, 눌웅은 김헌창의 아들 김범문 이라는 것이다.

그리고 비기로 기록된 주왕사적의 내용은 김헌창의 난과 신라의 왕권을 다시 찾으려는 김범문의 활동을 기록한 것이라고 주장하고 있다.

주왕사적의 내용을 살피다 보면 김범문은 아버지 김헌창의 뒤를 이어 2차의 난을 일으키다 실패를 하고 잠적(사망하지 않음)하여 법사(스님)로 숨어 지내면서 나라(신라)를 찾는 일에 일생을 보내는 내용을 감추기 위해 비기로 기록하고 있다.

이것은 시대적 상황으로 보아 그럴 수밖에 없었을 것이다.

그런데 비기의 내용을 분석해보면 범문은 허월스님과 동일한 인물이라는 것이다.

이처럼 비기인 주왕사적을 해석하여 묻혀 졌던 한 시대의 역사적 사실을 찾아내는데 앞장서고 있는 김규봉선생의 획기적인 활동에 찬사를 보낸다.

♣ 주왕사적의 비기를 해석하면서 알게 된 몇 가지 정보는 다음과 같다.

첫째: 비기는 헌창의 난과 신라왕권을 다시 찾으려는 범문의 활동이라는 것이다.

둘째: 범문이 대전도군이고, 눌웅이며, 눌웅(범문)이 허월 법사라는 것이다.

석병산은 헌창(주왕)이 난을 일으킨 후 실패하고 잠시 은거했던 산이라는 것이다.

셋째: 김헌창이 탄생한 날(정월 갑인일)과, 사망한 날(3월 갑자일)을 알게 되었다.

넷째: 허월스님과 김범문이 동일인이라면 김순식 장군과 허월 스님은 부자지간 이므로 김순식은 헌창의 손자이며, 김주원의 증손자라는 것이다.

다섯째: 대전도군(범문)은 803-916 까지 113 세로 오랫동안 살았다는 것이다.

주왕산 전경

11. 김주원과 범일국사

1. 김주원(명주군왕)-종기(2대 명주군왕)-정여(명원군)-김양 (3대 명원군왕)

    장여-김흔- 후사없음

    헌창(주왕)-범문(허월)-순식 - 후사 ?

    헌충(身)-자사-동정-(영진,영길,영견)-강릉김씨 세계

2. 김술원(명주도독) - (아버지?, 어머니 支씨) - 범일국사 (810-889). (조당집)

    ※ 범일국사의 할아버지 김술원은 연대로 보아 김주원과 동일인으로 보아야한다.

    때문에 범일국사는 김주원의 손자라는 것이다.

    이유는 범일국사의 아버지가 누구인지를 밝히지 못하

고 있지만 조당집의 기록에 의해 활동 연대를 검증해 보면 헌창 또는 身(헌충)을 아버지라고 볼 수밖에 없다는 것이다.

따라서 조당집과 삼국사기, 주왕사적을 통하여 교차검증을 하면 범일국사는 김주원의 손자라는 것이다.

또한 주왕사적을 해석해보면 통효대사(범일국사)는 중국에서 돌아와 석병산(주왕산)으로 범문(허월)을 찾아 갔다가 삼척의 영은사 창건으로 명주(향산)로 돌아올 때 제자 낭원대사(보현사 창건)와 行寂이 함께 왔다고 한다. 때문에 후일(1788년) 신겸에 의해 범일국사의 진영을 영은사에 모셨다.

※ 이것은 주왕사적 내용이 김주원 가계와 밀접한 관계임을 입증하고 있는 것이다.

3. 김주천 (유정은 아들이 둘이었다고 명원세기에 기록하고 있다. 김주천과 김주원은 형제라는 것이다.) 그리고 무염대사(801-888)는 김주천의 손자(범청의 아들)이다.

※ 그러니까 범일국사(굴산사)와 무염대사(성주사)는 4촌 형제간이다.

12. 강릉김씨의 3파

1. 주원공의 19세 부정공 경생(慶生) - 부정공파 시조 (英珍 이어야 옳다.)

    20세 부사공 윤(贇) - 판서공 청풍 두창파 (부정공 종손)

    24세 열(說) - 부정공 임경당 금산파(부정공 강릉 종손)

2. 주원공의 20세 - 지(輊) - 평의공파 파 중시조 (輊가 아니라 英吉 이어야 옳다.)

    금산 괴일의 안국사를 창건한 원융국사는 영길의 손자 광율의 아들이다.

3. 주원공의 5세 - 영견(英堅) - 한림공(상서공)파 중시조

13. 강릉의 읍성

1. 임영지(1788) 東胡老人 濊國古城편에 濊國古城-周圍 三千四百八十四尺 在府東 玉尋 今廢而尙 有址(재부동 옥심 금폐이상)이라고 했다.

   임영지 동호노인 예국고성편에 예국고성은 주위가 3484척으로 부의 동쪽 옥가에서 찾을 수 있으며, 지금은 폐허가 되고 城(토성)만 남아있다고 했다.

   그러나 이곳은 남대천의 하구로서 자주범람 하는 곳으로 읍성지로서는 부적절하여 "예국"의 남쪽 방어성 터로 보는 것이 옳다고 보고 있으며, 수렵생활을 하던 예국의 읍성(관아 터)은 아직까지 밝히지 못하고 있다. 그런데 東原京(강릉) 官衙에 福泉寺가 있었다고 했다.

그리고 조당집 秀澈和尙(816-893)에 - 東原京 福泉寺 具足戒 法潤

行寂(832-916) - 福泉寺 官壇首具(855)後 堀山 通曉大師 面 數年服膺(수년복응)

(복천사 관단수구 후 통효대사께서 수년간 가슴에 품고 있었다고 했다.)

왕건이 고려를 건국하면서 명주를 동원경이라 하였다. 때문에 명주의 읍성 장안(학산)이 동원경의 읍성이 되었고, 굴산사는 복천사로 개칭된 것으로 본다.

때문에 복천사는 통효대사(범일)가 가슴에 품고 계시던 굴산사로 추정 한다.

2. 현재 강릉의 읍성으로 확실하게 밝혀진 것은 지금의 강릉대도호부(고려 태조 19년, 936) 관아 터와 신라시대의 명주도독의 관아가 있었던 굴산사의 "명주성(장안성)" 터이며, 성산면 금산리 소곡지에 있는 명주성은 치소성이 아닌 장안성을 지키던 서쪽 방어성이었다.

이것은 조선 영조 때 강릉부사 맹지대가 기록해놓은 "임영지(맹지대 부사, 1787)" 및 "완역 증수 임영지(강릉문화원, 1997. 12. 31. 叢話 P 138)"와 이에 대한 상기 원문 "증수 임영지(전 강릉군수 용택성 강릉고적 보존회, 소화 8년 8월 叢話 P七十七)"에 "古 老言 溟洲 初建之日 梵日 創大寺干 官舍之基 僧徒主之 其後寺 利 燬於兵燹 府館 移搆 (고 노언 명주 초 건지 일 범일 창대사간 관사지기 승도주지 기후사리 훼어 병선 부관 이구)
焉惟 沙門 獨存 卽今 外大門也 故 掃除 大門至今用 僧匠意然也."
(언유 사문독존 즉금 외대문야 고 소제 대문지금용 승장의연야)라 했다.
"명주가 처음 세워지던 날 범일이 관사 터(명주군 관아 터)에다 큰 절을 세우고자하니 스님들이 그 일을 주관하였다고 한다.
그 후 병화에 타버려 부의 관사를 옮겨 세웠는데 오직 사문(沙門)만이 남았는데 지금의 外大門(객사문)이며, 대문을 청소할 때 지금도 장인승려를 쓰니 그럴듯한 일이다."라고 하였다.
이 말은 명주관아 터에다가 굴산사를 세웠다고 하였으니 명주도독의 치소는 굴산사가 있었던 학산 이었으며, 신라 명주의 읍성이었다는 것이다.

때문에 강릉의 읍성 터는 명주성(장안성)터와 강릉대도호부 터라고 할 수 있다.

3. 강릉지역 성곽현황 (지리학자 이준선)

순번	성곽명칭	소재지	현황	비고
1	예국고성	강릉시 옥천동	옥천동과 금학동 경계의 방어성	
2	강릉읍성	강릉시 명주동 강릉관아	석축잔존길이150미터, 높이1.8미터	
3	상 장안성	성산면 금산리 장안골	금산리 장안소곡지 산정상 원형토성	
4	우계성	옥계면 현내리 산10	반원형 토성 1키로미터 와편산재	
5	방내성	연곡면 방내리	동문, 서문 흔적, 상량문 현판	
6	보현(대공)산성	성산면 보광리 산1	높이2미터 둘레4키로 석성	
7	제왕산성	왕산면 왕산리 산1	둘레 0.4키로미터 와편산재	
8	칠봉산성	구정면 제비리 371-1	둘레 1키로미터 석성 성벽 잔존	
9	명주산성	성산면 관음리 774	좌불상 및 안국사 절터 석성	
10	금강산성	연곡면 삼산리	둘레 약4킬로미터 석성	

순번	성곽명칭	소재지	현황	비고
11	삼한산성	강동면 산성우리	둘레 약 0.5키로미터 원형 석성	
12	괘방산성	강동면 안인진리	길이 약 0.3킬로미터 석성	
13	고려성	강동면 정동진리	둘레 약 0.5킬로미터 석성	
14	왕현성 (장안성)	구정면 학산리 산13	둘레 약 0.5킬로미터 토성	
15	하 장안성	강동면모전리 (강동초교)	둘레 약 0.5킬로미터 토성	
16	석교리성	사천면 석교리	둘레 약 0.5킬로미터 토성	
17	향호2리성	주문진읍 향호리816	둘레 1킬로미터 석성 개간하였음	
18	향호리성	주문진읍 향호리 1028	사곡지 미확인	
19	영진리성	연곡면 영진리	경작지 토기와 와편 산재	
20	강문토성	강릉시 강문동	신라토성으로 전하고 있음	
21	명주성	구정면 학산리 굴산사터	명주도독의 치소성 (추가 함)	

14. 명주군왕 재임기간과 강릉김씨의 터전

신라 38대 원성왕은 (785-799) 13년간 재위하였으며, 김주원은 786년 명주군왕으로 명주도독 관아가 있는 학산(장안)으로 와서 아들 헌창이 822년 난을 일으키기 전에 사망한 것으로 보인다. 그렇다면 김주원의 명주군왕 재위기간은 20년 정도로 보여진다. 그 이후 김종기가 제2대 명주군왕으로 습봉 되었으나 동생 헌창의 난(822)으로 41대 헌덕왕(김언승, 809-826) 때 난을 평정하려고 신라로 돌아간 것으로 보인다.

그러니까 명주군왕의 재임기간은 제2대 명주군왕 까지 모두 합쳐 30년에 불과하며, 신라는 901년 궁예가 태봉(철원)을 건국하면서 사실 국권을 잃어버리고 궁예와 후백제(견훤)

의 침략을 받으며 불안한 정국을 이어왔지만 신라 명주의 김순식은 막강한 군사력을 가지고 태봉의 궁예에게 동맹관계로 도움을 주고 있었다.

그러나 궁예의 난폭한 정치는 왕건에 의해 막을 내리고 918년 개성에 고려를 세운다.

그리고 936년 왕건은 김순식과 김예의 도움을 받아 후백제 견훤의 아들(신검, 양검, 용검)과의 일리천전투에서 승리함으로 통일된 고려를 개국한다.

때문에 명주도독은 명주군왕 이후 100년을 지키다가 왕순식과 왕예가 고려의 개국공신으로 왕건에게 왕씨성을 하사받아 명주도독 관아가 있던 학산(장안)에서 왕씨 고을(왕현)을 이루고 명주의 토호로 고려 500년을 누리고 살게 되었다.

주왕사적에 의하면 왕순식은 허월(범문)의 아들이며, 김헌창의 손주이다.

그렇다면 왕순식은 자손이 분명 있었을 것으로 본다.

그런데 을축보는 김종기의 후손 김양과 김순식의 후손에 대한 기록을 찾지 못하였는지 아니면 절손 된 것인지 身(헌충)을 중시조로 하는 강릉김씨 가계를 만들었다.

그리고 신라시대의 명주(장안)는 고려시대에 와서 왕씨들의 집성촌인 王縣이 되었다.

때문에 長安은 王縣이 되었고 장안으로 넘어 다니던 장안재는 王峴(왕고개)이 되었다.

또한 장안을 지키던 長安城은 王峴城이 되었다.

신라의 멸망은 포석정에서 유희를 즐기던 제55대 경애왕(박위응,924-927)이 후백제 견훤에게 죽임을 당하고 견훤은 경순왕(김부)을 제56대 왕으로 명하였다.

때문에 신라는 후백제의 지배를 받았는데, 왕건은 918년 궁예를 제거하고 936년 후백제와의 일리천 전투에서 명주의 김순식과 왕예의 도움을 받아 승리함으로 신라의 경순왕은 왕건에게 통치권을 넘겨주게 되었다.

그래서 고려의 통일건국은 918년이 아니라 936년이라는 것이다.

이러한 역사적 사료를 통해 강릉김씨 가계를 살펴보면, 왕건을 도와 통일고려를 건국하게 한 영길의 후손 金乂가 왕건에게 王氏 성을 하사받고 고려 500년 동안 명주(王縣)의 토호로서 김주원의 터전(장안)을 지키며 살아왔다.

또한 고려시대 금석문인 원융국사 비문에 영길의 후손으로 상세히 기록되어 있어 강릉김씨 문중에서 가계가 가장 확실한 문중이라 하겠다.

그런데 이들 문중을 왕김파라 하게 된 것은 王坦之의 셋째 輊(지)공이 당시 국가 최고 의정기구인 도평의사(都評議司)에 재직 중이던 장형인 헌(軒)과 중형 輗(예)를 회유하여 강릉김씨로 복성하고 輊(지)공은 강릉 경호(鏡湖) 부근에 낙향하여 자리를 잡고 살게 되었다고 한다. 그러나 장형인 헌(軒)은 후손의 기록이 없으며, 중형 輗(예)의 후손은 군사공 옥계파로 대를 이어 내려오고 있고, 셋째 輊(지)공의 아들 5형제는 문과에 급제하였는데 장자 자갱(子鏗)은 형조 참의를 역임하여 후손은 참의공파가 되고, 차자 자장(子鏘)은 우후를 역 임하여 우후공파(절도공파), 3자 자흠(子欽)은 호가 회정이고 호조참의를 역임하여 회정공파, 4자 자종(子鍒)은 한성좌윤과 삼척 수군절제사를 역임하여 첨사공파, 5자 자현(子鉉)은 사헌부감찰을 역임하여 감찰공파로 분계 했다.

왕김파는 이성계가 조선을 세우면서 왕씨를 탄압하자 왕탄지의 아들 왕헌(王軒), 왕예(王輗)와 왕지(王輊)가 왕씨에서 김씨로 복성을 하게 됨으로 이들을 왕김파라고 하였으며, 중시조는 김헌(金軒)과 김예(金輗)가 아닌 셋째 김지(金輊)로 하였다.

때문에 평의공파(왕김파)의 중시조는 輕(지)가 아니라 英吉공이어야 옳을 것이다.

또한 왕김파(평의공파)는 누가 뭐래도 강릉김씨의 터전(王縣)인 학산(장안, 명주의 도성)을 고려500년 동안 지켜온 문중이다.

그렇다면 고려 때부터 강릉김씨의 대주(종손)는 영진의 후손이 아니라 영길의 후손(평의공) 이어야 마땅할 것이다. (역사의 기록은 승자의 소유물이기 때문이다.)

그런데 강릉김씨 족보에는 평의공파 중시조를 첫째 김헌(金軒)과 둘째 김예(金輗)가 아닌 셋째 김지(金輊)로 하였으며, 왕순식은 자손이 분명 있었을 것으로 보이는데 절손되었고, 김종기의 손자 김양과 헌창의 손자 김순식의 후손에 대한 기록을 찾지 못하였는지 아니면 절손 된 것인지 알 수 없지만, 아뭏든 셋째인 身(헌충)을 중시조로 하는 강릉김씨 가계를 만들었다는 것이다.

그리고 조당집의 기록대로라면 범일국사는 身(헌충)의 아들인데 자사(紫絲)와의 관계가 형제지간인지 아니면 동일인인지 알 수가 없다.

이러한 것으로 볼 때 종손에 대한 귀결은 내릴 수 없다는 것이다.

즉 어느 파가 종손이라고 할 수 없다는 것이다.

때문에 어느 문중이든 종사에 있어 큰집, 작은집 그리고 종파와 종손을 논할 것이 아니라는 것이다. 강릉김씨도 모두가 태종무열왕의 후손이라는 일념으로 자긍심을 가지고 부끄럽지 않게 유덕전승의 길을 이어가야 할 것이다.

학산의 왕현성(王縣城)

15. 강릉의 安國寺址

강원 강릉시 성산면 관음리 774에 있으며
《《신증동국여지승람》》이나 《《범우고(梵宇攷)》》 등 조선시대 문헌에 는 이 사찰에 대한 기록이 전혀 없어 창건 연대와 내력을 알 수 없다.
《《증수임영지》》 사찰조에
"안곡사재 성산면안곡동 년대미상 당우소실 단석탑 고 오척삼촌 폭 삼척 전면 각불상 석비 고 이척 지장존석조 잔류금폐(安谷寺在 城山面安谷洞 年代未詳 堂宇燒失 但石塔 高 五尺三寸 幅 三尺 全面刻佛像 石碑 高 二尺 地藏尊石造 殘留今廢)"라 기록되어 있고
《《조선보 물고적조사자료》》에는

"성산면 관음리사지 강릉 서쪽 약 2리 구산리의 북 약 10정 관음리 전중(田中)에 있음. 초석(礎石), 석원(石垣), 파손된 5층석탑 및 석좌불상이 있음. 일반적으로 그것은 안국사지라 칭함" 이라는 기록이 있다.

이러한 기록으로 보아 이 절은 안국사(安國寺)였음이 확실하고, 이곳의 속 지명(俗地名)이 '안곡'이라 불리고 있는 점 또한 시사성이 있다.

현재 옛 절터로 추정되는 지역에는 고려시대 작품으로 보이는 5층석탑과 석불의 대좌로 보이는 석물(石物)이 잔존하고 있으며, 그 주변에는 건물지의 축대와 주초석이 노출되어 있고, 많은 기와 조각들이 산재해 있다.

석탑 아래에는 근래에 지은 조그마한 암자가 있는데 그 마당 앞에 부도 석재로 보이는 탑재 하나가 방치되어 있고, 우측 경사면에는 장대석과 기와 조각들이 노출되어 있다. 한편 지표조사 중에 '안국사'라고 적힌 명문기와 조각 1점이 수집되었는데, 이것은 지금까지 절의 명칭과 관련된 유물이 전혀 발견되지 않았던 현재의 상황에서 미루어 볼 때 이 사지가 "안국사"였음을 입증해주는 중요한 자료라고 평가된다.(국립문화재연구소)

그리고 안국사 절의 창건에 대한 영주부석사의 원융국사 비의 기록을 보면,

師諱決凝字慧日俗姓金氏其先溟州人也大王父諱英吉善報所鍾華豪冠代鑄金璧」

繚垣時號甃金公猶漢時萬石君也王父諱善熙位升章保器璉宏洪名榮彰灼考諱光律歷金穀卿起忠開直以磨　厥君興事樹功以澤當世以師于」

"스님의 휘는 결응(決凝)이요, 자는 혜일(慧日)이며 속성은 김씨(金氏)니, 그의 선조(先祖)는 명주(溟州) 사람이다. 대왕부(大王父)의 휘는 영길(英吉)이니 선행을 닦은 과보(果報)로 얻은 바이며, 화려한 호족(豪族)이요, 대대(代代)로 의관(衣冠)을 정제(正制)한 양반이었다. 금벽(金璧)을 주조하여 사방으로 튼튼히 둘렀으므로 당시 사람들이 금공(金公)이라 불렀으니 마치 한(漢)나라 때 석분(石奮) 만석군(萬石君)과 같았다. 왕부(王父)의 휘는 선희(善熙)이니, 관직(官職)은 장보(章保)와 기연(器璉)·굉홍(宏洪) 등을 역임하여 그 명성이 사방(四方)에 떨쳤다. 아버지의 휘는 광률(光律)이니 금곡경(金穀卿)을 역임하였다." 이것은 왕김파(평의공파)의 세계를 기록한 금석문이다.

그리고 晩歲於桑梓之鄕」造置一寺瑤構森青冥

諸金仄 寶容滿桂魄跏大皰中 上賜額曰華嚴安國寺

"말년(末年)에 상재(桑梓)나무가 심어져 있는 고향에 절을 짓고, 옥돌로 얽은 것과 같은 푸른 삼림(森林)으로 둘러싸인 법당(法堂)벽에는 불·보살(佛·菩薩)을 그렸으며, 만월(滿月)과 같이 거룩하신 불상이 연꽃으로 조각된 좌대 위에 엄연(儼然)하게 앉아 계셨다. 임금께서 절 이름을 화엄안국사(華嚴安國寺)라고 하였다."고 기록되어 있다. 원용국사는 명주(강릉) 사람으로 말년에 고향에 安國寺 절을 창건하였다는 것이다.

즉 성산면 금산리의 安國寺는 강릉김씨 평의공파 선대 사찰이라는 것이다.

이처럼 확실한 선대의 世系와 역사를 자랑하는 성씨가 강릉김씨 왕김파이다.

안국사지(괸돌)

16. 周王事蹟
주 왕 사 적

此近世所謂周王內記者也千年古蹟一朝搜出誠
차 근 세 소 위 주 왕 내 기 자 야 천 년 고 적 일 조 수 출 성

爲山中奇事然但按文者廣則年代矛盾文字涉
위 산 중 기 사 연 단 안 문 자 광 즉 년 대 모 순 문 자 섭

陋終近於怪誕不經之語故姑錄手編下以備後來
루 종 근 어 괴 탄 불 경 지 어 고 고 록 수 편 하 이 비 후 래

不更玫可必信不可必不信之義運.
불 경 민 가 필 신 불 가 필 불 신 지 의 운

  이것이 이른바 근세의 주왕내기(周王內記)라는 것이다. 천년의 옛 자취가 진실로 산속에서 일어난 기이 한 일들이었다면 하루아침에라도 찾아냈을 것이다. 그러나 다만 널리

문헌에만 의존한다면 연대가 모순되고 문자 또한 비루하여 마침내 법도에 어긋난 말이 되어 실로 괴이함에 가깝게 되고 만다.

그러므로 잠시 부족함을 채우기 위해 손으로 직접 써 기록하였다.

후래에 아름다운 옥이라는 믿음이 확실하면 고치지 않을 것이고 확신이 없으면 믿지 않을 것이니 그 意味(뜻)를 잘 전해야 한다.

※ 按 : 누를 안. ~에 비추어. ~에 따라. ~에 근거하여. ~대로
※ 廣 : 本文의 글자는 '넓을 황'字인데 Computer에 없는 글자이므로 '넓을 광'자로 代替하였음.
※ 姑 : 시어미 고.　잠시
※ 不經之語 : 법도에 어긋난 말.
※ 怪 : 本文에 나오는 글자는 俗字임. (심방변에 있을재 한 字)
※ 怪誕 : 괴상하고 허망한 소리.
※ 可必 : 확실하면

♣ 주왕사적의 번역본을 강릉김씨 대종회가 처음으로 공개하게 되었다.

주왕사적 서문의 기록처럼 기록 자체가 비기이기 때문에 법도에 어긋난 말이 되어 실로 괴이함에 가까우므로 그 의미를 잘 전해야 한다고 하였다.

비기로 전해지는 주왕사적의 내용을 살펴보면 헌창(주왕)의 난과 범문의 일대 기를 기록해 놓은 것으로 보인다.

♣ 주왕사적의 내용을 살펴보자.

東晉僕師尙書而書周顗七世孫衙之妻魏氏年至
동 진 복 사 상 서 이 서 주 의 칠 세 손 도 지 처 위 씨 연 지

四十無子女矣
사 십 무 자 녀 의

중국 동진시대(317-420) 복야상서라는 벼슬을 지낸 주의(周顗)의 7세손 도(衙)의 처 위(魏)씨는 나이 40이 되도록 자녀가 없었다.

夫妻禱于玉井山(石屛山)唐代宗皇帝永泰十一
부 처 도 우 옥 정 산 석 병 산 당 대 종 황 제 영 태 십 일

載寅月寅日寅時夢得氏星落于懷中孕十三月而
재 인 월 인 일 인 시 몽 득   성 락 우 회 중 잉 십 삼 월 이

生一子男明年寅月寅日寅時也
생 일 자 남 명 년 인 월 인 일 인 시 야

부부가 당나라 대종황제 영태11년에 옥정산(석병산)에서 기도하고 인월 인일 인시에 떨어지는 氏星이 품안으로 들어오는 꿈을 꾸고 임신(姙娠) 하여 열세 달 만에 아들을 낳았는데 태어 난 때도 다음해(明年) 인월 인일 인시였다.

※ 周王(헌창)은 대종황제 영태 12년 인월 인시에 범상치 않게 태어났 다는 말이다.

※ 代宗皇帝 ⇨ 大宗皇帝

※ 僕師尙書 : 복야상서(고위 관직의 이름. 師는 '사'가 아니라 '야'로 읽어야 함.)

※ 氏星 : 28수의 세 번째 별이름(宿 : 잘 숙. 별이름 수)

骨格大異齒牙已生寅末有白額虎自玉井山供一
골 격 대 이 치 아 이 생 인 말 유 백 액 호 자 옥 정 산 공 일

猪而去擧家異之過三日
저 이 거 거 가 이 지 과 삼 일

丙辰汝南公(父也)設宴會賓錫名曰鍍表字曰光
병 진 여 남 공   설 연 회 빈 석 명 왈 도 표 자 왈 광

璐生綫十二月能解言語
로 생 재 십 이 월 능 해 언 어

그 아이는 골격이 남달리 크고 치아도 이미 나 있었다. 태어나던 날 인 시 말에 옥정산 으로부터 백호(이마가 흰 호랑이)가 멧돼지 한 마리를 놓고 갔다. 온 집안이 이를 이상 히 여겼고 그로부터 3일이 지난 병진일 에 여남공(父)은 손님들을 모아 연회를 베풀었는데 이때 그 아들의 이름 을 지어 주면서 말하기를 도(鍍)라 공표하고 자(字)는 광로라 하였다. 태어 난지 겨우 열두 달 만에 능히 말을 하고 그 뜻을 알았다.

♣ 복야상서라는 벼슬을 지낸 주의(周顗)의 7세손 도(衙)의 처 위(魏)씨는 나이 40이 되도록 자녀가 없었는데 옥정산(석병산)에서 기도하고 인월 인일 인시에 떨어지는 氏星이 품안으로 들어오는 꿈을 꾸고 임신(姙娠) 하여 열세 달 만에 아들을 낳았는데 이 아이가 바로 주도(周鍍, 주왕 헌창)이며, 열두 달 만에 말을 하고 그 뜻을 알았다.

♣ 비기의 기록은 가계와 탄생의 일화는 사실과 어긋남이 많다. 때문에 당시 상황을 머릿속으로 생각하며 읽어야 한다. (周顗는 무열왕, 周衙는 김주원, 周鍍는 헌창)

그렇다면 여기서 鍍는 헌창이며, 헌창(周王)은 범상치 않게 태어났다는 것이다.(※ 비기의 기록으로는 헌창이 김주원의 장자라는 것이다.)

※ 錫名 : 사명.(줄 사) (錫은 '사'로 읽어야 함)

※ 纔 : 겨우 재

※ 額 : 이마 액. 현판.

一日問於汝南公曰天何以尊地何以卑汝南公不
일 일 문 어 여 남 공 왈 천 하 이 존 지 하 이 비 여 남 공 불

能答壯其氣宇之不凡 矣
능 답 장 기 기 우 지 불 범   의

하루는 여남공(아버지)에게 묻기를 하늘은 어찌하여 높고 땅은 어찌하여 낮습니까? 라고 하였는데 여남공(아버지)은 그 모두를 대답할 수 없었다. 웅장한 그 기개와 도량이 과연 범상 치 않구나! (矣)

♣ 여남공은 헌창(주왕)을 낳고 연회를 베푼 아버지 김주원공이다.

及五六歲詩書百家語一覽輒記至十一歲天文地
급 오 육 세 시 서 백 가 어 일 람 첩 기 지 십 일 세 천 문 지

理六韜三略運之掌上
리육도삼략운지장상

明若觀火挾山超海之氣盍盍難制每言曰黃河可
명약관화협산초해지기울울난제매언왈황하가

勺泰山爲礪
작태산위려

  오륙 세에 이르러서는 시경과 서경은 물론 제자백가의 말씀들을 한 번 보면 다 기억해 버리고 십일세가 되어서는 천문지리와 육도삼략을 손바 닥 위에 올려놓고 마치 불을 보듯 명확하게 이해하였다.

  산을 끼고 바다를 뛰어넘는 엄청난 그 기백을 제어하기 어려 워 항상 우울하였다. 매번 말하기를 황하의 물을 잔질하고 태산을 갈아 버리겠 다고 하였다.

  ※ 盍 : 鬱의 俗字
  ※ 一覽輒記 : 한 번 보면 다 기억한다는 뜻.
  ※ 六韜三略 : 六韜와 三略을 함께 이르는 말. (中國의 오래된 兵書)
  ※ 礪 : 숫돌 려. 숫돌에 갈다.

此氣之不挫嘗過新亭題詩曰何用先祖泣山河自
차기지부좌상과신정제시왈하용선조읍산하자

無異盖其意元恨然有晋氏之無可爲者矣
무 이 개 기 의 원 한 연 유 진 씨 지 무 가 위 자 의

이와 같은 꺾이지 않는 기세는 일찍이 신정(新亭)을 지나다가 시를 지어 '어찌하여 선조 때문에 울고 있는가? 산하(山河)는 변함이 없는데' 라고 하니 그 뜻은 본래 옛 산하는 한스러움이 있다 해도 진씨(東晋時代)로서 는 어쩔 수 없으리라는 뜻이다.

♣ 헌창(주도,주왕)은 선조(김주원)가 왕위를 빼앗긴 것을 어쩔수 없는 한 스운 일이라 하였다.

及歸汝南公與同年壯士百餘人入熊耳山聚衆
급 귀 여 남 공 여 동 년 장 사 백 여 인 입 웅 이 산 취 중

至萬餘人反據南陽府此時乃德宗皇帝貞元十
지 만 여 인 반 거 남 양 부 차 시 내 덕 종 황 제 정 원 십

五年也
오 년 야

곧 바로 여남공(父)에게 돌아가서 같은 또래 장사 백여명과 더불어 웅이산에 들어가 대중을 모았는데 만여 명에 이르렀고 이들은 남양부 에서 반기를 들고 일어났다. 이때 가 바로 덕종황제 정원 십오년이었다.

♣ 덕종황제 정원 15년(헌덕왕 때) 헌창의 무리들이 신라에 반기를 들었다.

自稱後周天王欲侵長安爲郭子所敗渡遼東皇帝
자 칭 후 주 천 왕 욕 침 장 안 위 곽 자 소 패 도 요 동 황 제

命麗王討之麗主令同平
명 여 왕 토 지 여 주 령 동 평

章事馬一聲爲上將軍追擊之周王勢縮與從者千
장 사 마 일 성 위 상 장 군 추 격 지 주 왕 세 축 여 종 자 천

餘人遁走關東又爲原城 令天海齊所敗
여 인 둔 주 관 동 우 위 원 성   령 천 해 제 소 패

진나라의 후예(後裔) 주도(周鍍)는 자칭 후주천왕이라 하고 장안을 침략 하고자 하였으나 곽자에게 격퇴당해 요동으로 건너갔고 황제는 여왕에

게 명령하여 그를 토벌하게 하였으며 여주는 동평장사 마일성으로 하여 금 상장군으로 삼아 그를 추격토록 하였다.

주왕은 이미 그 세력이 위축 되어 따르는 무리 천여 명과 더불어 관동 으로 달아나다가 원성과 천해제소에서 패하였다.

♣ 여기서 진나라는 신라이며 周鍍(주왕,헌창))는 자칭 장

안의 후주천왕 이라는 것이다.

♣ 곽자와 마일성은 누구일까?

삼국사기를 살펴보면

김헌창과 헌덕왕은 정치적으로 상극이었던 터라 시중으로 있었던 기간은 3개월도 못됐고, 무진주도독으로 좌천시켰다.

그리고 헌덕왕은 장군 8명으로 서라벌을 지키게 하고 장웅(張雄), 위공(衛恭), 제릉(悌凌)으로 김헌창을 치게 했다. 장웅은 도동현(道東峴/영천시)까지 몰아닥친 김헌창의 장안군을 격파했고, 위공과 제릉은 장웅과 합세하여 삼년산성(三年山城/보은군)을 공격한 다음 인근의 속리산에서 김헌창의 장안군을 격멸했다.

훗날 신무왕 김우징의 아버지가 되는 김균정(金均貞)은 성산(星山/성주군)에서 승리를 거뒀다.

이렇게 각지에서 승리를 거둔 토벌 연합군이 집결한 이후 웅천주의 중심인 웅진(공주시)으로 쳐들어가니 김헌창은 농성했지만 결국 함락되고 김헌창은 자살했다.

自平州至眞城聞石屛山深險入據者數年矣馬一
자 평 주 지 진 성 문 석 병 산 심 험 입 거 자 수 년 의 마 일

聲之仇廉世淸上書于天
성 지 구 염 세 청 상 서 우 천

朝麗主及馬一聲與周鍍謀成內外之應欲犯皇京
조 려 주 급 마 일 성 여 주 도 모 성 내 외 지 응 욕 범 황 경

皇帝震怒命郭子儀將兵擊周鍍幷擒麗主子儀奉
황 제 진 노 명 곽 자 의 장 병 격 주 도 병 금 려 주 자 의 봉

命至闕下上疏大略曰
명 지 궐 하 상 소 대 략 왈

  自(후주천왕,주왕)은 평주를 거쳐 진성에 이르게 되었는데 석병산이 깊고 험하다 는 소문을 듣고 들어가 수년간 웅거 하였다. 마일성의 원수 염세 청이 천조(천자의 조정, 신라)에 글을 올려 여주와 마일성(신라 장군위흔)이 주도(주왕)와 더불어 모의하고 내외의 호응을 받아 황경황제(신라황제)를 치려한다고 알리자 이를 안 황경황제는 크게 진노하여 곽자에게 장병들 을 이끌고 주도(헌창)와 여주를 추격하여 사로 잡아 오도록 명하였는데 곽자는 명을 받들어 마침내 대궐에 이르러 상소를 하였고 그 내용 은 대략 다음 과 같다.

  ♣ 곽자는 누굴 일까?

강릉 학산의 王縣城 왕씨 고을

麗主僻在東隅百年筐篚克盡其誠臣禮至矣今以
여주벽재동우백년광비극진기성신례지의금이

少賊之故而聽報私之言命將討之萬里師行其費
소적지고이청보사지언명장토지만리사행기비

不些而小賊誅之不武尚未可必乎不勝惶恐況此
불사이소적주지불무상미가필호불승황공황차

賊鍍本自大國出小國則臣恐使小國之臣民輕大
적도본자대국출소국즉신공사소국지신민경대

國之無人也
국지무인야

  여주는 동쪽 구석 후미진 곳에 있으면서 백년동안 方物을 올려 그 정성을 극진히 하였으니 참으로 신하로서의 예가 지극하다 할 것입니다. 이제 몇 안되는 도적떼에 대하여 개인적인 원한에 보복하려는 말을 들으시고 토벌을 명하시는 것은 먼길에 행군을 움직이는데 그 비용도 적지 아니하고 하찮은 작은 도둑을 죽이는 것은 군사적인 이익도 별로 없습니다. 오히려 반드시 그리해야 할 이유도 없지 않습니까? 이 때문에 황공한 마음을 비길 데 없습니다. 하물며 이 도적인 周鍍(주왕, 헌창)는 본래 대국으로부터 나와 소국으로 나아갔으니, 신(臣)이 두려워 하는 것은 소

국의 백성들이 대국에 인물이 없음을 알고 혹 경시(輕視)
하지 않을까? 입니다.

※ 筐篚 : 예물을 가지고 가서 敬意를 표하는 執壤.(광비)

※ 執壤 : 方物(지방 특산물)로 바치는 각 지방 産物(집양)

皇帝復命停師使使謀麗主曰速斬周鍍頭來不者
황 제 부 명 정 사 사 사 모 여 주 왈 속 참 주 도 두 래 부 자

擧兵屠之麗主大懼復使
거 병 도 지 여 주 대 구 부 사

馬一聲爲上將軍往擊之一聲表薦其第二聲爲先
마 일 성 위 상 장 군 왕 격 지 일 성 표 천 기 제 이 성 위 선

鋒將又其第三聲四聲五聲等爲後軍將率鐵騎百
봉 장 우 기 제 삼 성 사 성 오 성 등 위 후 군 장 솔 철 기 백

隊甲午十月晦日到眞城界遇雪至丈餘留陣焉
대 갑 오 십 월 회 일 도 진 성 계 우 설 지 장 여 류 진 언

황제는 다시 명하여 출정을 정지하고 사신을 보내 여주를
꾀어내어 말하기를 속히 주도(헌창)의 머리를 베어 오라 그
렇지 않으면 군사를 일으켜 여주를 도륙하겠다고 하니 여주
는 크게 두려워하여 다시 마일성 을 상장군으로 삼고 周鍍
(헌창)를 치도록 하니, 마일성이 천거하여 마이 성을 선봉장

으로 삼고 또 그 아우 삼성. 사성. 오성 을 후군장으로 삼아 철기군 백대를 인솔하여 갑오년 시월 그믐에 진성 경계에 당도 했으나 한길 남짓한 눈이 내려 거기서 진을 치고 주둔 하였다.

先是周王庶子曦生四歲學書于母箕氏至忠孝二
선 시 주 왕 서 자 희 생 사 세 학 서 우 모 기 씨 지 충 효 이

字問其母曰何謂忠何謂孝母答曰事君致身謂之
자 문 기 모 왈 하 위 충 하 위 효 모 답 왈 사 군 치 신 위 지

忠事親竭力謂之孝乃掩卷而跪曰有忠孝之行更
충 사 친 갈 력 위 지 효 내 엄 권 이 궤 왈 유 충 효 지 행 갱

何未何盡聖經賢傳暇日涉獵而可也
하 미 하 진 성 경 현 전 가 일 섭 렵 이 가 야

　이에 앞서(범문에 관해 살펴보면), 周王(헌창)의 서자 희(범문)는 태어난 지 네 살이 되어 그 어머니 기씨로 부터 글을 배웠는데 충효 두 글자에 이르러 그의 어머니에게 묻기를 무엇이 충이고 무엇이 효입니까? 하니
　그의 모친이 답하기를 자신의 몸(목숨)을 다하여 임금을 섬긴다면 그것 이 충이고 온 힘 을 다하여 어버이를 섬긴다

면 그것이 바로 효이다.

 곧 책을 덮고 꿇어앉아 말하기를 충효의 행은 다시 다하지 않았을 때는 어떻고 다했을 때는 어떠합니까? 라고 물으면서 성현의 경전과 전하는 말씀은 한가한 날 섭렵해도 좋을 것입니다. 라고 하였다.

 ※ 跪 : 꿇어앉을 궤
 ※ 涉獵 : 여러 가지 책을 널리 읽음(섭렵)

年及八九歲天地曆數一理貫通當周王不軌之日
년 급 팔 구 세 천 지 역 수 일 리 관 통 당 주 왕 불 궤 지 일

固諫不聽乃言曰父主幼時問天尊地卑四字云天
고 간 불 청 내 언 왈 부 주 유 시 문 천 존 지 비 사 자 운 천

尊地卑君臣之分不可犯矣
존 지 비 군 신 지 분 불 가 범 의

 어느덧 나이가 8,9세에 이르자 천지역수를 하나의 이치로 꿰뚫었으며 周王(헌창)이 모반을 꾀하던 날 강경히 간하였음에도 듣지 않자 마침내 말하기를 아버님께서 어렸을 때 천존지비 네 글자에 대하여 그 의미를 물으신 적이 있는데 천존지비란 군신이 본분을 지키고 서로 범해서는 안 된다고 하셨습니다.

晋代之滅已過百年則天命之殷與不殷聖賢無奈
진 대 지 감 이 과 백 년 즉 천 명 지 은 여 불 은 성 현 무 나

況生於唐氏之國長於唐氏之世衣唐氏之衣食唐
황 생 어 당 씨 지 국 장 어 당 씨 지 세 의 당 씨 지 의 식 당

氏之食何有背唐之意乎
씨 지 식 하 유 배 당 지 의 호

 진대의 쇠퇴는 이미 백년이 지났으나 타고난 수명은 길던 길지 않던 그것은 성현이라도 어찌할 도리가 없는 것이다. 하물며 당씨 나라에서 태어났고 당씨 세상에서 자랐으며 당씨의 옷을 입고 당씨의 밥을 먹었 는데 어찌 당씨 나라의 뜻을 배반할 수 있단 말입니까?

 ※ 당씨의 나라는 곧 신라이다.
 ※ 殷 : 성하다. 많다. 크다. 깊다

逆天者反受其殃伏乞回廬焉且觀木星正中福
역 천 자 반 수 기 앙 복 걸 회 려 언 차 관 목 성 정 중 복

躔生輝不可爲者多不如歸化歸化則殘命或可
전 생 휘 불 가 위 자 다 불 여 귀 화 귀 화 즉 잔 명 혹 가

保不然自促其命終不聽大哭曰父子有骨肉之
보 불 연 자 촉 기 명 종 불 청 대 곡 왈 부 자 유 골 육 지

恩無可去之義至渡遼東走之日號泣而隨之時
은 무 가 거 지 의 지 도 요 동 주 지 일 호 읍 이 수 지 시

年十九歲矣
년 십 구 세 의

하늘의 이치를 거스르는 자는 도리어 이집 저집을 돌아다니며 구걸하는 그런 재앙을 받을 것이다. 또 목성이 궤도의 한 가운데를 돌면서 빛을 발하는 것을 보고 그것이 곧 복이 생긴다고 믿는 사람은 많지 않다. 귀화하는 편이 좋고 귀화하면 잔명을 혹 지킬 수 있으나 그렇지 않으면 스스로 그 명을 재촉하게 됩니다. 끝내 듣지 않더니 크게 통곡 하면서 말하기를 부자간에는 그래도 골육의 은혜(骨肉之恩)가 있는데 어찌 의(義)를 저버릴 수 있겠는가. 요동을 건너 매일같이 울부짖으며 그를 따라 달려 온지 어언 나이 19세에 이르렀다.

※ 헌창이 난을 일으킬 때 범문의 나이 19세였다는 말이다.
※ 헌창의 아들(범문)은 아버지에게 안된다고 諫하였으나 듣지 않았고 결국 골육의 정 때문에 아버지의 명을 거역하지 못하고 따라 다녔다.
※ 躔 : 궤도 전(해. 달. 별이 운행하는 길)
※ 伏乞 : 엎드려 빎
※ 廬 : 오두막. 주막. 집

강릉 학산의 王縣城 왕씨 고을

※ 不如 : ~ 하는 편이 좋다.

諸僚號曰大典道君大典之意器局至大孝行宜典
제료호왈대전도군대전지의기국지대효행의전

而道君二字古人稱達理者之號也自入屛山夙夜
이도군이자고인칭달이자지호야자입병산숙야

三年端坐奇巖上袖掩氐一星之文不絶呼
삼년단좌기암상수엄저일성지문부절호

   여러 동료들이 말하기를 大典道君(주왕의 아들 범민)의 뜻은 그 재능과 도량이 지대하고 효행이 도리에 마땅하며 도군 두 글자는 이치에 통달한 옛 사람이 이름붙인 것이다. 스스로 석병산(주왕산)에 들어가 매일같이 삼년을 기암위에 단정히 앉아 저 일성의 글을 옷소매로 가리고 끊임없이 하늘에 호소하였다.

  ※ 여기서 大典道君은 (헌창의 아들 범문)이고,
     주왕은 - 헌창이다.

天之聲氐乃周王星也十一月甲寅馬二聲進
천지성저내주왕성야십일월갑인마이성진

軍挑戰周王將段秀弻出戰于松坪西生禽於
군 도 전 주 왕 장 단 수 필 출 전 우 송 평 서 생 금 어

馬陣中(俗傳馬坪)二聲乘勝至山門外道君仰
마 진 중　　　　　　　이 성 승 승 지 산 문 외 도 군 앙

天四拜乃以蓮花箭射二聲以百斤鐵槌迎箭
천 사 배 내 이 연 화 전 사 이 성 이 백 척 철 퇴 영 전

箭橫貫冑南至三十里許落于民田
전 횡 관 주 남 지 삼 십 리 허 락 우 민 전

　하늘의 소리인 저성(28수중 세 번째 별)은 곧 주왕의 별인 것이다. 십일월 갑인일 마이 성은 진군하여 주왕(헌창)에게 도전하였고 주왕(헌창)은 장수 단수필을 출전시켰으나 송평 서쪽에서 사로잡혔으며 마이성은 진중에서 승승장구하여 산문 밖까지 그 기세를 떨치게 되었다. 도군(범문)은 하늘을 우러러보며 사배(四拜)한 후 곧 연화살로 마이성을 쏘았다. 마이성은 화살에 맞서 백명의 군사로 철퇴를 휘둘러 물리쳤으나 화살은 가로질러 투구를 관통 하였고 남쪽으로 삼 십 리쯤 떨어진 민전 (民田)에 떨어졌다.

(各其田曰馬冑田)二聲大怒自鼓進軍道君令將
　　　　　　　　　이 성 대 노 자 고 진 군 도 군 령 장

軍石重鐵出迎衝突二聲三聲三戰三危故二聲自
군 석 중 철 출 영 충 돌 이 성 삼 성 삼 전 삼 위 고 이 성 자

度不利堅壁三危洞三聲退此六十外古羅洞過三
탁 불 리 견 벽 삼 위 동 삼 성 퇴 차 육 십 외 고 라 동 과 삼

日進屯紫芝峴四聲伏兵屯八角山甲子夜踰冠岩
일 진 둔 자 지 현 사 성 복 병 둔 팔 각 산 갑 자 야 유 관 암

峯至屛山上望氣屯陣是前夜三更大典聞潭龍三
봉 지 병 산 상 망 기 둔 진 시 전 야 삼 경 대 전 문 담 룡 삼

泣大驚仰見天文氐星無光欲投巖下告隱周王斬
읍 대 경 앙 견 천 문 저 성 무 광 욕 투 암 하 고 은 주 왕 참

巖窟石消氷灌水匿竄周王
암 굴 석 소 빙 관 수 닉 찬 주 왕

  이성(二聲)은 크게 노하여 스스로 북을 울리고 진군하였으며 도군은 석중철 장군으로 하여금 나아가 싸우게 하였으나 이성과 삼성이 세 번 싸웠으나 세 번 모두 위태로웠기 때문에 이성은 스스로 불리함을 헤아리고 삼위동(三危洞)에 견고한 벽을 쌓았다. 삼성(三聲)이 물러나자 60리 밖 고라동에서 3일 만에 자지현에 진지를 구축했고 사성(四聲)은 복병(伏兵)을 주둔시키고 있던 팔각산에 진을 쳤다. 갑자일 밤 관암봉을 넘어 석병산 위에 이르러 진지의 기운을 보니 불길한

조짐을 알 수 있었는데 바로 전날 밤 삼경 (새벽 시간) 대전
(대전도군)은 담룡(해안가 동굴 에 살았 다고 함)이 세 번 우
는 소리를 듣고 크게 놀라 천문(天文)을 보니 저성 (氏星)이
희미하였다. 바위 아래로 급히 달려가 주왕(헌창)을 참(목을
베 다)할 것이라는 소식을 몰래 알리고 바위굴을 뚫어 얼음
을 깨고, 물을 관통 시키는 등 주왕(헌창)을 숨겨주었다.

有頃四聲兄弟等到迫巖頂周王君臣罔知所措五
유경사성형제등도박암정주왕군신망지소조오

聲曰今日乃甲子也明日
성왈금일내갑자야명일

禽之尙未晩也四聲嗔目曰興亡一甲子何待明日
금지상미만야사성진목왈흥망일갑자하대명일

斯速擒之可也四聲以大鉤鉤周王君臣次次貫出
사속금지가야사성이대구구주왕군신차차관출

曰鉤禽大典脫身登空而南馬將等獻禽于麗王
왈구금대전탈신등공이남마장등헌금우여왕

　　이윽고 사성형제들은 이미 바위 위에 와 있었다. 주왕과
군신들은 허둥대며 어찌할 바를 모르고 있자 오성(五聲)이
말하기를 오늘은 갑자일이다. 내일 사로잡아도 오히려 늦지

않다. 하자 사성(四聲)이 눈을 부릅뜨고 말하기를 흥망이 오직 갑자일 하나뿐인데 어찌 내일을 기다리 겠는가? 빨리 그를 사로잡는 것이 옳다.

사성이 큰 갈쿠리로 주왕 (周王, 헌창)과 군신들을 차례로 끌어내며 말하기를 갈쿠리로 사로잡았다고 하였다. 이때 대전(大典道君, 범문)은 몸을 빼내 허공으로 올라가 남쪽으로 사라졌고 마장군 등에게 사로잡힌 그들(주왕의 무리)을 여왕(麗王)에게 바쳤다.

※ 罔知所措 : 당황하여 어찌할 바를 모르다.

※ 斯 : 强調의 뜻

麗王斬周王首諸皇京渡遼覆航墜失其首云當周
여 왕 참 주 왕 수 제 황 경 도 요 복 항 추 실 기 수 운 당 주

王斬首之日大典作一陣狂風於都街簸揚沙石人
왕 참 수 지 일 대 전 작 일 진 광 풍 어 도 가 파 양 사 석 인

莫得開眼搓尸而歸屛山之北以禮葬之葬時乃渡
막 득 개 안 차 시 이 귀 병 산 지 북 이 례 장 지 장 시 내 도

遼覆航之時也
요 복 항 지 시 야

여왕은 주왕(헌창)의 머리를 베어 이를 황경에 보내려고 하였는데 강 (요해)을 건너다가 배가 전복되어 그의 머리를 떨어뜨려 잃어버렸다고 한다. 주왕(헌창)이 참수 당하던 그 날 대전이 한바탕 거리에서 광풍이 몰아치고 모래가 키질하듯 날리게 하여 사람들은 눈을 뜰 수 가 없었고 시체를 잘라 석병산 북쪽으로 돌아가 예로써 그를 장사지내니 요해를 건너다가 배가 뒤집힌 바로 그때였다.

※ 諸 : 모든 제. 여기서는 '어조사 저'로 읽어야 함. ~ 이에. ~ 이를

※ 陣 : 진칠 진. 사물의 형용.(이 문장에 어울리게. 一陣 : 한바탕)

※ 簸 : 까부를 파. 키질하다.

※ 搓 : 비빌 차. 끊다. 자르다

識者以爲孝感所致葬後無封隧言故世無知者時
식 자 이 위 효 감 소 치 장 후 무 봉 수 언 고 세 무 지 자 시

人又云周王若非有出天之孝子安得保命於三年
인 우 운 주 왕 약 비 유 출 천 지 효 자 안 득 보 명 어 삼 년

之久哉(缺十七字)大典乃削髮被緇結菴屛山北名
지 구 재　　　　　　　대 전 내 삭 발 피 치 결 암 병 산 북 명

其巖曰遯跡(缺十一字)一行望氣來道到曰君之
기 암 왈 둔 적　　　　　　일 행 망 기 래 도 도 왈 군 지

不幸乃中國之不幸也
불행내중국지불행야

생각컨대 알만한 사람들은 모두 효심이 지극하여 하늘이 감응했기 때문이라고 하였다. 장례를 치른후 무덤길에 봉분(封墳)이 없어 당시 사람들이 알지를 못했다. 또한 주왕(헌창)이 만일 하늘이 낸 효자가 아니었더라면 어찌 목숨을 3년간이나 오래 보존할 수 있었겠는가? 라고 하였다. 대전(대전도군, 범문)은 곧 삭발하고 승복을 입었으며 석병산 북쪽에 암자를 지었는데 그 암자의 이름을 돈적(둔적)이라 하였다. 일행들은 길을 따라 올라오는 기운을 보면서 말하기를 도군(大典道君, 범문)의 불행은 곧 중국(溟洲)의 불행이다. 라고 하였다.

※ 大典道君 - 삭발하고 승복을 입고 석병산 북쪽 암자에 운둔한 범문 법사이며, 이이가 바로 순식장군의 아버지 허월 스님으로 추정 된다.

※ 被緇 : 僧服을 입다(피치)

※ 結菴 : 암자를 짓다(결암)

共處三年仰論天文俯察地理以此逍遙大典以師
공처삼년앙론천문부찰지리이차소요대전이사

禮遇一行一行以(時年百八十七)卲於道君故辭
례우일행일행이　　　　　　　　　소어도군고사

之不固大典自削髮後或稱道士或稱法師居十五
지불고대전자삭발후혹칭도사혹칭법사거십오

載所居之菴偪於山靈所處移菴萍獅洞自屛南拒
재소거지암핍어산령소처이암평사동자병남거

三十里外石廩峰西麓也
삼십리외석름봉서록야

　3년 동안을 함께 살았는데 위로는 천문을 논하고 아래로는 지리를 살펴 이로써 대전(범문)은 일행을 만나 스승의 예로써 서로 유유자적하였다. 일행은 도군(범문)보다 나이가 많았으므로 굳이 사양하지 않았다. 대전도군(범문)은 스스로 삭발하고 후에 도사 혹은 법사를 칭하면서 15년 동안을 살았다. 그동안 거처해온 암자는 산령(山靈)으로부터 핍박받자 평사동으로 암자를 옮겼다. 그리하여 석병산으로 부터 남쪽 삼십리 바깥을 방어하였고 그곳은 바로 석름봉 서쪽 산록이다.

　※ 大典道君(범문)은 스스로 삭발하고 후에 도사 혹은 법사를 칭하면서 15년 동안을 살았다. 때문에 여기서 법사라고 했던 당시의 인물(범문)을 허월로 추정하고 있다.

　※ 逍遙 : 悠悠自適함. 散策하다.

※ 邵 : 높을 소. 뛰어날 소 (邵와 區分할 것) (나이가 많다로 表現)
※ 悠悠自適 : 世俗의 번거로움에서 벗어나 태연히 生活을 즐김.

至洞門則九獅拒之與一行共擊殺二獅二獅大吼
지 동 문 즉 구 사 거 지 여 일 행 공 격 살 이 사 이 사 대 후

一行大咀曰獅汝不識大
일 행 대 저 왈 사 여 불 식 대

典道君乎我則西僧一行也二獅俯首頓足若將屈
전 도 군 호 아 즉 서 승 일 행 야 이 사 부 수 돈 족 약 장 굴

脈遂措小菴而居(昔羅僧元曉知道君居此便獅守
맥 수 조 소 암 이 거

之)與一行共居三十年一行以西域靈恩寺重修
여 일 행 공 거 삼 십 년 일 행 이 서 역 영 은 사 중 수

之故辭歸又十六年懦翁望朝鮮山水之奇來到
지 고 사 귀 우 십 육 년 나 옹 망 조 선 산 수 지 기 래 도

동문에 이르자 곧 아홉 마리의 사자는 일행에게 길을 막고 항거하자 일행은 함께 공격 하여 두 마리의 사자를 죽였다. 두 마리의 사자가 크게 울부짖자 일행도 사자를 크게 꾸짖어 나무라며 사자야! 너희들은 대전도군(범문)이 누군지 모르느냐? 나와 서승(서역의 중) 은 일행이다. 라고 하니 두

마리의 사자는 머리를 조아리고 발을 구르면서 굴복 하였다. 그런 뒤 머지않아 물줄기를 뚫었고 마침내 조그만 암자를 만들어 일행과 더불어 함께 살았다.(옛 신라의 승려인 원효(617 - 686)는 도군이 이곳에서 거처할 것을 알고 곧 사자로 하여금 그곳을 지키게 하였다.)

함께 살아온지 삼십년만에 일행은 서역의 영은사 중수(重修) 때문에 어쩔 수 없이 암자를 떠나 서역(西域)으로 돌아갔다. 또 16년이 지나 나옹은 조선 산수의 기이함을 보고 와서

※ 若 : 같을 약. 만약 약. 만약 ~ 라면. 그런 뒤.
※ 辭 : 말 사. 글 사. 사양할 사. 떠날 사.
※ 便 : 편할 편. 똥오줌 변. 곧. 갑자기. 문득
※ 서승: 범문의 일행(삼척 영은사 증수차 범문과 함께했던 암자를 떠남)

菴門曰小僧乃一行前身今以懦翁來侍丈席法師
암 문 왈 소 승 내 일 행 전 신 금 이 나 옹 래 시 장 석 법 사

握手出涕曰 去四十年
악 수 출 체 왈 거 사 십 년

間望見定星落西土心常疑訝果然喪吾老友也詠
간 망 견 정 성 락 서 토 심 상 의 아 과 연 상 오 노 우 야 영

詩贈蠕翁曰五十年前辭故人今人來對故人面蠕
시 증 연 옹 왈 오 십 년 전 사 고 인 금 인 래 대 고 인 면 연

翁復之再三亦爲之感愴矣
옹 복 지 재 삼 역 위 지 감 창 의

(缺十字) 암자의 山門에 도착해 말하기를 소승은 바로 일행의 前身으로 이제 나옴으로 와서 큰 어른(스승)으로 모시겠습니다. 법사(범문)는 손을 잡고 눈물을 흘리면서 말하기를 지난 40년간 정성(定星)이 서쪽지역으로 떨어지는 것을 바라보고 마음이 항상 의아해 하였는데 과연 나의 오랜 옛 친구를 잃어 버렸다고 하였다.

시를 지어 연옹에게 주면서 말하기를 오십년전 옛 친구를 떠나 보냈는데 지금 사람이 와서 대하니 옛 친구의 얼굴을 다시 보는것 같다고 하였다. 연옹이 반복하여 두세 번 읽고 또한 그 때문에 감회를 느껴 슬퍼하였다.

※ 山門 : 산의 어귀. 절
※ 丈席 : 學問과 德望이 높은 사람. 스승(통효대사 범일)
※ 定星 : 28宿의 하나. 12번째 별.
※ 故人 : 죽은 사람. 오랜 친구.

問無學安在曰少留香山五日後必來果如其言來
문 무 학 안 재 왈 소 류 향 산 오 일 후 필 래 과 여 기 언 래

會無學蠕翁願以師禮事之元世祖元貞元年道詵
회 무 학 연 옹 원 이 사 례 사 지 원 세 조 원 정 원 년 도 선

再到門三致書欲與俱去天以工法師以親墓在北
재 도 문 삼 치 서 욕 여 구 거 천 이 공 법 사 이 친 묘 재 북

不忍舍去故辭辭自後法師不食不飢髮髮尙如六
불 인 사 거 고 사 사 자 후 법 사 불 식 불 기 발 발 상 여 육

十翁(缺二十一字)仰占天文西向四拜顧蠕翁曰
십 옹　　　　　　　　앙 점 천 문 서 향 사 배 고 연 옹 왈

　무학은 어디에 계시냐고 묻자 잠시 동안 향산에 머물다가 닷새 뒤 반드시 올것이라고 하였다. 과연 그의 말대로 무학과 연옹은 와서 서로 만났다. 스승의 예로써 그를 섬기 기를 원했고 원세조 원정 원년에 도선(道詵)을 다시 만나자 세 번 글을 보내 함께 천축국(天竺國)에 가서 공부하기를 원했으나 법사(범문)는 부모의 묘소가 북녘에 있어 차마 버리고 떠날 수 없다고 사양하였다. 이후부터 법사는 먹지 않고도 굶주림이 없고 머리털이 희끗희끗하게 세어 오히려 육십노인 같다고 말했다. 하늘을 올려다보고 점을 쳐 보더니 천문이 서쪽으로 향했다고 하면서 사배를 하고나서 연옹을 돌아보

고 말하기를

眞主登極勸送蠕翁無學與道詵相議定鼎于三角
진주등극권송연옹무학여도선상의정정우삼각

山法師度其枉尋直地大書一雲字西向投空是夜
산법사탁기왕심직지대서일운자서향투공시야

雨雪如環因爲城址無學蠕翁知法師之道術後日
우설여환인위성지무학연옹지법사지도술후일

來謝法師曰非我也天也也
래사법사왈비아야천   야

  참된 임금(궁예)이 등극할 것이다. 하면서 연옹을 권하여 보냈다. 무학과 도선은 서로 상의 하여 삼각산에 도읍을 정하기로 하였다. 법사는 땅의 이로움을 헤아려 구름 운자 하나 를 크게 써서 서쪽 방향으로 허공에 던져 보았다. 그러자 이날 밤 구슬과 같은 비와 눈이 내렸는데 그것은 성터 때문이었다.(성터가 어디가 좋은지 알아보기 위해서였다.) 무학과 연옹은 법사의 도술임을 훗날 알고 와서 고마워했고 법사는 말하기를 내가 한 것이 아 니라 하늘이 한 것이다. 라고 하였다.

※ 道詵 : 統一新羅末期의 僧侶. 風水地理說을 우리나라에 最初로 들여 온 사람.

※ 定鼎 : 都邑을 定하다.

※ 枉尋直地 : 孟子에 나오는 말로(枉尋直尺) 한 자를 구부려 여덟자를 편다는 것

※ 度 : 자 도. 법도 도. 헤아릴 탁

復與無學蠕翁夜論列宿之周旋晝講五行之動靜
부여무학연옹야론열숙지주선주강오행지동정

一日蠕翁曰年前揮察東國之山川山多有迸悖之
일일연옹왈년전휘찰동국지산천산다유병패지

脉水多有淫濁之源不絶其脉不斷其源則亂臣賊
맥수다유음탁지원부절기맥부단기원즉난신적

子往往不絶淫夫淫婦踵踵疊出將奈何法師曰托
자왕왕부절음부음부종종첩출장나하법사왈탁

蹟是邦邦憂可救後獘宜斸然非神力無以爲也
적시방방우가구후폐의견연비신력무이위야

무학과 더불어 연옹은 또 다시 밤에는 별의 움직임을 논하고 낮에는 오행의 동정에 대 하여 강론하였다. 하루는 연옹이 말하기를 몇 년전에 동국의 산천을 한 번 살펴보도록

지시하였는데 산에는 솟아오르고 어그러진 맥이 많고 물에는 음탁한 수원(水源)이 많다 그 맥과 수원을 끊지 않으면 난신적자가 때때로 끊이지 않고 음탁한 사내와 음탁한 계 집이 줄줄이 겹쳐 나올터인데 장차 어찌할 것인가? 법사(범문)가 말하기를 이 나라는 옛 자 취를 미루어 보건대 나라에 우환이 있다면 구원해야 하는 것이 옳고 폐단은 마땅히 제 거해야 한다. 그러나 신력(神力)이 아니고는 할 수 없는 일이다.

※ 脉 : 脈의 俗字.
※ 蠲 : 밝을 견. 제거할 견.

乃以赤牌召黑獅將軍往絶山脉旦狂劫者水源之
내 이 적 패 소 흑 사 장 군 왕 절 산 맥 단 광 겁 자 수 원 지

淫濁者(缺五字)願與蠕翁之弟子慧明同往爲之
음 탁 자　　　　　　원 여 연 옹 지 제 자 혜 명 동 왕 위 지

法師召慧明命曰慧明汝其忘勞往哉欽哉察之精
법 사 소 혜 명 명 왈 혜 명 여 기 망 노 왕 재 흠 재 찰 지 정

之慧明再拜曰覺曉也
지 혜 명 재 배 왈 각 효 야

이에 적패로써 흑사장군을 불러 가서 산맥을 끊게하였다. 단, 어리석고 얼빠진 자와 수원의 음탁한 것들을 제거하게

하였고 연옹의 제자 혜명과 함께 가서 그것을 하기를 원했다. 법사(범문)는 혜명을 불러 명하기를 혜명아! 너는 수고를 아끼지 말고 가서 삼가 자세하게 살피도록 하여라. 혜명은 두 번 절하며 잘 알겠습니다. 라고 하였다.

去五月告功黑獅乃太白山之靈所乘之獅也將軍
거 오 월 고 공 흑 사 내 태 백 산 지 영 소 승 지 사 야 장 군

卽山靈之長子也有劈山絶水之功故因稱之云(
즉 산 령 지 장 자 야 유 벽 산 절 수 지 공 고 인 칭 지 운

缺十九字)有人題詩菴壁曰千載基業仙李國若
유 인 제 시 암 벽 왈 천 재 기 업 선 이 국 약

論其功畫雲坮一日無學蠕翁問於法師曰天有消
론 기 공 화 운 대 일 일 무 학 연 옹 문 어 법 사 왈 천 유 소

長之理地有闔闢之理日月有
장 지 리 지 유 합 벽 지 리 일 월 유

晝夜之理星辰有晨昏之理歲有代謝之理五行有
주 야 지 리 성 신 유 신 혼 지 리 세 유 대 사 지 리 오 행 유

旺相之理八卦有否泰之理山川有陰陽之神鬼神
왕 상 지 리 팔 괘 유 부 태 산 천 유 음 양 지 신 귀 신

有變化之理人有死生之理道有受授之理
유 변 화 지 리 인 유 사 생 지 리 도 유 수 수 지 리

지난 5월 告 하기를 흑사는 바로 태백산의 산신령이 타는 사자였으며 장군은 곧 산신령의 장자다. 산을 가르고 물길을 끊은 공으로 인하여 그렇게 부른다고 한다.

어떤 사람이 암자벽에 시를 지어 이르기를 천년기업인 신성스러운 이씨 나라가 만약 그 공을 논 한다면 운대를 그려라. 라고 하였다.

하루는 무학과 연옹이 법사(범문)에게 물었다. 법사가 말하기를 하늘에는 쇠하고 성하는 이치가 있고 땅에는 합벽의 이치가· 있으며 해와 달은 낮 과 밤의 이치가 있고 별(성신)에는 새벽과 저녁의 이치가 있으며 해(歲)에 는 대사(묵은 것이 없어지고 새것이 대신 생기는 일)의 이치가 있고, 오행(금목 수화토)에는 왕상의 이치가, 팔괘에는 비태(否泰- 막힌 운수와 터진 운수. 곧 불행과 행복)가, 산천에는 음양의 신이 있으며 귀신은 변화의 이치가 있고 사람은 생사의 이치가 있으며, 도는 수수(授受)의 이치가 있다고 하였다.

※ 闔闢 : 닫고 열고 함. 우주변화의 순환법칙.(합벽)
※ 否泰 : 막힌 운수와 터진 운수.(비태). 불행과 행복.

推此觀之萬物一理學冑(稱弟子也)西歸之後先
추 차 관 지 만 물 일 리 학 주　　　　　　서　귀　지　후　선

師(稱先生也)之道誰傳誰受法師曰天開地闢人
사   지도수전수수법사왈천개지벽인

生人死彼往此來或合或分先覺後覺河淸海晏自
생인사피왕차래혹합혹분선각후각하청해안자

有其時或百歲之前或百歲之後假生奇才相傳相
유기시혹백세지전혹백세지후가생기재상전상

受生生一理無往不熄學吾道行吾道者間間有鳴
수생생일리무왕불식학오도행오도자간간유명

於東國矣
어동국의

   이를 미루어 보면 만물에는 하나의 이치가 있는 것이다. 학주(弟子를 칭한다)가 서역으로 돌아간 후 선사(先生을 칭한다)의 도는 누구에게 전하고 누구에게 받습니까? 법사(범문)는 말하였다. 하늘이 열리고 땅이 열리며 사람이 나고 사람이 죽고 저기는 가고 여기는 오고 혹 합쳤다 혹 떨어지며, 먼저 깨닫는 이가 있고 뒤에 깨닫는 이가 있으며 강물은 맑고 바다 는 화평하니 저절로 그 때가 있음은 혹 백년전이나 백년 뒤에 가령 뛰어 난 인재가 태어나 서로 전하고 서로 받을 것이다. 사물이 생성하는 하나 의 이치는 비록 세월이 가더라도 꺼지지 않을 것이며 나의 도를 배우고 나의 도를 행하는 자가 때때로 있어 동국에서 명성을 드날릴 것이다.

　無 : 비록 ~ 하더라도 (비록 세월이 가더라도)

　東國 : 우리나라

又曰吾道一以傳二二以傳一然以古視今以今視
우 왈 오 도 일 이 전 이 이 이 전 일 연 이 고 시 금 이 금 시

古今懸殊大小分明圖訣久遠才藝減損所傳所受
고 금 현 수 대 소 분 명 도 결 구 원 재 예 감 손 소 전 소 수

可謂萬分之一矣
가 위 만 분 지 일 의

　또 말하기를 나의 도는 하나로써 둘을 전하고 둘로써 하나를 전하는 것이다. 그러나 옛날로써 지금을 보고 지금으로써 옛날을 보면 고금이 현격하고 대소가 분명하다. 도결이 오래 되면 재예가 모두 줄어들어 전하는 바와 받는 바가 이른바 만분지 일이 라고 말할 수 있을 것이다.

心常慨然(缺三十五字)無學蠕翁辭還西域之日
심 상 개 연　　　　　　　　무 학 연 옹 사 환 서 역 지 일

法師言言稱才曺(謂弟子)好還極樂學翁二人步
법 사 언 언 칭 재 조　　　　호 환 극 락 학 옹 이 인 보

願先師速向仙府共出洞門法師在前學翁左右慧
원선사속향선부공출동문법사재전학옹좌우혜

明隨後不忍相舍繾綣之情山眉若皺澗喉如咽乃
명수후불인상사견권지정산미약추간후여열내

日宿緣已盡歸路且遠深嘆無益後千載之下更逢
왈숙연이진귀로차원심탄무익후천재지하갱봉

於丹臺之會可也
어단대지회가야

  그러므로 마음은 항상 개탄스럽다고 하였다.(35字缺) 무학과 연옹이 서역으로 돌아가던 날 법사(범문)는 말끝마다 재조(제자를 말함)가 극락세계로 잘 돌아갔다고 했다.

  무학과 연옹 두 사람은 선사가 속히 선부를 향하여 함께 동문을 나서기를 원했다.

  법사(범문)는 앞에 있고 무학과 연옹은 좌우에 있고 혜명은 뒤를 따르는데 서로간의 애틋한 정을 차마 떨쳐내지 못하였다. 산이 눈살을 찌푸리고 골짜기는 오그라들어 마치 목메어 흐느끼는 것 같았다.

  이에 말하기를 숙연은 이미 다하였고 돌아갈 길 또한 멀기만 하니 깊이 탄식한들 무슨 소용이 있겠는가? 훗날 천년이 지난 뒤에 다시 단대의 모임에서 만나는 것이 옳을 것이다.

강릉 학산의 王縣城 왕씨 고을

※ 繾綣之情 : 마음 속에 굳게 맺혀 잊혀지지 않는 정. 곡진한 정
※ 澗 : 산골짜기
※ 皺 : 주름 추. 오그라들 추
※ 咽 : ①목구멍 인 ②목멜 열 ③삼킬 연 ④북소리 인
※ 喉 : 목구멍 후 (咽喉 : 목구멍)

學翁虹橋而向西法師御風而歸菴(缺十二字)獨
학옹홍교이향서법사어풍이귀암　　　　　독

居五十年一日迦耶山孤雲仙令八公山山靈迎去
거오십년일일가야산고운선령팔공산산령영거

共講仙學(缺十三字)每當甲子(周王死日三日也)
공강선학　　　　　매당갑자

甲寅日來到屛山或過四五月而歸迦倻往來無常
갑인일래도병산혹과사오월이귀가야왕래무상

常乘白鹿故孤雲呼之以白鹿大人先生生爲道君
상승백록고고운호지이백록대인선생생위도군

者四年被緇者百餘年學仙者不知其幾許年矣
자사년피치자백여년학선자부지기기허년의

무학과 연옹이 무지개다리를 건너 서쪽으로 향하고 법사

(범문)는 바람을 타고 암자로 돌아 왔다. 홀로 산지 50년 하루는 가야산의 고운선령이 팔공산의 산신령을 맞이해 가서 함께 선학을 강론하였다.

매번 갑자일(周王이 죽은 날 3月이다)과 갑인 일(周王 生日 正月이다)이 되면 석병산에 와서 혹 4,5개월을 지나기도 하고 가야산에 돌아가는 등 상주함이 없었다. 항상 흰 사슴을 타고 다녔기 때문에 고운을 백록대인 선생으로 불렀다. 도군(범문)을 위해 산지 4년이고 승복을 입은지 백여 년이나 선학을 배운 것은 몇 년 정도인지는 알 수 없다.

♣ 주왕(헌창)의 생일은 3월 갑자일이고 죽은 날은 정월 갑인일이다.

歲在天順之載庚辰三月朔丁亥訥翁記書訥翁誰
세재천순지재경진삼월삭정해눌옹기서눌옹수

也古麗朝上柱國王年十
야고여조상주국왕년십

七直諫忤旨亡入金剛修煉得道聞大典道德來到
칠직간오지망입금강수련득도문대전도덕래도

願爲弟子學道者又至百十年毛髮三變爲童子顔
원위제자학도자우지백십년모발삼변위동자안

面創建周王菴大典寺而居羽化去迦倻山問候於
면 창 건 주 왕 암 대 전 사 이 거 우 화 거 가 야 산 문 후 어

先生爲孤雲仙所命作八公山西北北山靈而受先
선 생 위 고 운 선 소 명 작 팔 공 산 서　　북 산 령 이 수 선

生訓敎記書實蹟棄于石廩峯西麓使山靈護之而
생 훈 교 기 서 실 적 기 우 석 름 봉 서 록 사 산 령 호 지 이

以待其人出示退藏爲五傳之宝訣道編焉.
이 대 기 인 출 시 퇴 장 위 오 전 지 보 결 도 편 언

  해로 말하면 천순(明나라 영종의 연호)의 해인 경진년 삼월 초하루 정해일에 눌옹이 기록을 남겼는데 눌옹이 누구인가? 옛 고려조 상주국의 벼슬로 왕이 17년 동안 직접 간 하였으나 거절하였고, 결국 그 뜻을 저 버리고 금강산에 들어가 수련하여 마침내 득도 하였다. 듣기로는 大典이 도를 배우려는 제자들을 위해 도덕을 가르치려고 입산 했다고 한다.

  또 110세가 되도록 모발이 세 번이나 변했고 얼굴은 동자의 얼굴이었다.

  나라를 창건한 주왕(주왕의 태자 범문)은 암자인 대전사에서 기거하였고 가야산에서 돌아가셨다. 신성한 장소를 위해 선생에게 문후를 여쭈었는 데 孤雲이 신성한 장소로 팔공산 서북쪽에 만들라고 명하셨고 선생의 가르침을 받아 지나온

자취를 사실대로 기록하였다.

그러나 석름봉 서쪽산 아래에서 모든 것을 버리고 떠나셨다. 산신령으로 하여금 그를 보호하게 하고 자취를 감춘 5전의 보결도편을 보여줄 수 있는 그런 사람이 나타나기를 기대해 본다.

※ 羽化 - 道士의 죽음.

♣ 대전도군(범문, 허월)은 110세가 되도록 모발이 세 번이나 변했고, 童顔이었다.

눌웅은 고려조 상주국의 벼슬로 왕에게 17년 동안 직접 간 하였으나 거절하였고 결국 그 뜻을 저버리고 금강산에 들어가 수련하여 마침내 득도 하였다. 듣기로는 大典이 도를 배우려는 제자들을 위해 도덕을 가르치려고 입산 했다 고 한다. 또 110세가 되도록 모발이 세 번이나 변했고 얼굴은 동자의 얼굴이었다.

♣ 이렇듯 주왕사적은 비기이다. 여기에 나오는 연대 인물들이 가상이기 때문에 이것을 누가 어떻게 해석 할 것인가? 에 대해서는 추측만 무성할 따름이다.

주왕사적의 내용을 살펴보면 周王(헌창)과 그의 아들 大典道君(범문)의 이야기임을 직, 간접 적으로 느낄 수 있다.

大典道君(범문 또는 訥翁)이 마지막 전하는 말을 보자.

贈訥翁
증 눌 옹

눌옹이 보내다.(전하다.)

欲將忠孝傳東國故乘靑牛激松兒莫教唐人事蹟
욕 장 충 효 전 동 국 고 승 청 우 격 송 아 막 교 당 인 사 적

是父之罪是子罪
시 부 지 죄 시 자 죄

장차 충효를 동국에 전하고자 청우를 타고 송아와 다투었으나 당인에게 사적을 가르칠 수 없었고 이는 아비의 죄는 바로 자식의 죄였기 때문이다.

遺贈一才師千載幸遇爲我釋遯菴獅窟再營構.
유 증 일 재 사 천 재 행 우 위 아 석 둔 암 사 굴 재 영 구

한 재능 있는 스승에게 천년을 남겨 드린다. 다행히도 암사굴에 은둔하 고 있던 나를 만났으니 다시는 도모하지 말라.

※ 釋 : 그만두다. 없애다. 버리다

甲戌十一月十一日出於泥峴萍獅洞石廩峯.
갑술년 십일월 십일일 이현평사동 석름봉을 떠나면서....

♣ 주왕사적의 내용을 살펴본 결과는 다음과 같다.
 1. 주왕산은 주왕(헌창)이 난을 일으켰을 때 활동의 근거지였으며, 사후 석름봉 서쪽암자인 大典寺에서 모셨기 때문에 붙여진 이름으로 보아야 할 것 같다. 그리고 중국 동진시대(317-420)에 복야상서라는 벼슬을 지낸 주의(周顗) 7세 주도는 우리의 역사나 기록에도 없는 가상의 인물이다.
그러므로 주왕산은 周王(헌창) 때문에 붙여진 이름이라 주장 할 수 있다.
 2. 大典道君(범문)은 죽는 날까지 "하늘이 열리고 땅이 열리며 사람이 나고 사람이 죽고 저기는 가고 여기는 오고 혹 합쳤다 혹 떨어지며 먼저 깨닫는 이가 있고 뒤에 깨닫는 이가 있으며 강물은 맑고 바다는 화평하 니 저절로 그 때가 있음은 혹 백년 전이나 백년 뒤에 가령 뛰어난 인재 가 태어나 서로 전하고 서로 받을 것이다. 사물이 생성하는 하나의 이치는 비록 세월이 가더라도

꺼지지 않을 것이 며, 나의 도를 배우고 나의 도를 행하는 자가 때때로 있어 동국에서 명 성을 드날릴 것이"라며, 신라의 부흥을 빌었다.

3. 강릉김씨 대종회는 주왕사적을 연구한 김규봉 사학자의 노력에 감사 하며, 또한 대전사의 탱화와 관련하여 연구, 검토한 것에도 감사드린다.
그러나 주왕사적의 원문(한문) 번역이 미흡하여 여러 가지로 아쉬움이 있었다.

4. 때문에 주왕사적의 내용을 강릉김씨 대종회가 처음으로 번역하고 공개하게 되었다.

5. 주왕사적은 석병산을 거점으로 일으켰던 周王(헌창)의 亂에 대한 과정과 아들 大典道君(범문)의 일생일대기를 남겨놓은 기록으로 추정 되며, 이로 인하여 석병산이 주왕산으로 불러지게 된 것이 아닐까한다.

6. 주왕사적 번역을 통하여 법사로서 110세 이상을 살았던 大典道君(범문)의 업적과 활동연대가 허월 스님과 일치되는 것이 많아 大典道君(범문)이 곧 허월스님이라는 추증을 할 수 있었고 그 궁금증을 해결하는 실마리가 되었다.

17. 삼국사기를 살펴보자

삼국사기를 통해 강릉김씨의 世系를 들여다보자.

1. 진평왕(26대) 본기에
   579년 즉위
   재위 44년 2월(623) 이찬 용수를 내성사신으로 삼다

※ 용수와 용춘을 동일인이라고 하는데 삼국사기, 삼국유사, 화랑세기를 통해 교차검증을 하면 파진찬을 지낸 용춘은 용수의 아우이며, 이찬 용수가 김춘추(태종무열왕)의 아버지라는 것이다.
성주사의 무염대사의 비에도 용수가 김춘추의 둘째아들 김인문의 조상이라고 최치원이 기록해 놓았다.

2. 선덕여왕(27대) 본기에

   632년 즉위

   재위 8년 2월 하슬라주를 북소경으로 삼다

   재위 11년 이찬 김춘추를 고구려에 보내 군사를 빌려 달라고 청하나 이루지 못하고 모욕을 당하다

   재위 11년 김유신을 압량주의 군주로 삼다

   재위 13년 9월 김유신을 대장군으로 백제의 7성을 빼앗다.

3. 진덕여왕(28대) 본기에

   647년 즉위

   재위 2년 649년 이찬 김춘추를 당나라로 보냄

   재위 5년 652년 김인문을 당나라로 보냄

4. 태종무열왕(29대) 본기에

   654년 3월 태종무열왕 즉위

   재위 2년 656년 법민을 태자로 책봉

   3월 당이 영주도독(營州都督) 정명진(程名振)과 좌우위중랑장(左右衛中郎將) 소정방(蘇定方)을 보내 군사를 일

으켜 고구려를 공격했다.

문왕을 이찬, 노차를 해찬(파진찬), 인태를 각찬(각간), 지경과 개원을 이찬으로 삼다.

딸 지소를 유신에게 시집 보내다.

재위 3년 657년 김인문이 당나라에서 돌아오다.

재위 3년 657년 7월 우무위장군 문왕을 당나라로 보내 조공하다.

재위 5년 중시 문충을 이찬으로 문왕을 중시로 삼다 하슬라를 주로 삼다.

재위 7년 6월 21일 태자 법민이 소정방을 맞이하다. (660년)

7월 18일 의자왕이 항복하다.

재위 8년 661년 6월 태종무열왕 사망

5. 문무대왕(30대) 본기에

   661년 문무대왕 즉위

   재위 2년 663년 7월 김인문이 당나라에 조공을 바치다.

   재위 4년 7월 김인문등이 고구려 돌사성 공격

   재위 5년 666년 2월 이찬 문왕이 사망(35세) 왕자의

예로 장례

재위 7년 668년 7월 당황제가 지경과 개원을 운휘 장군으로 임명

재위 8년 669년 파진찬 지경을 중시로

재위 8년 9월 21일 고구려왕이 항복하다.

재위 10년 671년 12월 지경이 중시에서 물러나다.

재위 13년 674년 7월 1일 김유신이 죽다.

재위 14년 675년 1월 당이 김인문을 신라왕으로 삼아 신라를 공격

6. 신문왕(31대) 본기에

681년 신문왕 즉위

재위 1년 682년에 진복을 상대등으로

재위 6년 687년 1월 대장(대충)을 중시로

재위 8년 689년 1월 대장(대충)이 죽다.(30세 미만으로 추정)

※ 문왕은 35세에 사망하였다.

그런데 대장(대충)은 30세가 안되어 사망한 것으로 추정된다.

문왕과 대충(대장)은 부자지간인데 두 분 모두 요절하였다.

※ 대장(대충)과 思仁이 부자지간이라 했는데, 30세가 안되어 사망한 대장(대충)의 아들이 과연 思仁이 맞을까? 라는 것이다.

강릉김씨 사적보감에 대충이 12세(654)에 조부 태종무열왕이 즉위하였다고 하였는데, 654년에 무열왕이 즉위하였으나 대충이 12세 되던 해라는 기록은 삼국사기에 없다.

명원세기의 기록대로라면 대충이 12살 때 무열왕이 즉위 하였다고 하였으니 642년에 대충이 태어났다는 것이다. 그리고 아버지 문왕은 삼국사기에 666년 35살의 나이로 사망하였다고 했다. 그렇다면 문왕은 631년에 태어났으니, 문왕이 11살에 대충을 낳았다는 것이다. 이것은 이치에 맞지 않은 기록이며, 따라서 문왕의 형인 둘째 김인문도 대충을 낳을 수 없다는 것이다. 즉 대충(대장)은 김인문과 김문왕의 아들일수 없다는 것이다.

그리고 30세가 안되어 요절한 대장(대충)이 과연 思仁을 낳았을까? 라는 의구심을 갖게 한다는 것이다.

때문에 삼국사기 신문왕 본기를 살펴보면 당시 신문왕을 보필할 가장 강력한 인물은 서불한 眞福(상대등)이며, 연대적으로나 장자우선에 따라 상대등에 오른 眞福이 김인문의 아들일 가능성이 가장 두드러지기 때문에 사인의 아버지로 추정된다.

7. 효소왕(32대) 본기에
   692년 7월 효소왕 즉위
   재위 3년 695년 김인문이 당에서 죽다.(65세)
   재위 4년 696년 1월 개원(무열왕의 제7子)을 상대등으로

8. 효성왕(34대) 본기에
   737년 효성왕 즉위
   재위 5년 742년 정종과 思仁이 노병(석궁을 사용하는 병사)을 사열

9. 경덕왕(35대) 본기에
   742년 5월 경덕왕 즉위
   재위 3년 745년 1월 이찬 유정을 중시로
   재위 4년 746년 1월 이찬 김사인을 상대등으로

　　　　4년 5월 중시 유정이 퇴직
　재위 15년 756년 1월 상대등 김사인이 왕에게 간언 하였는데 받아들이다. (756년 봄 2월에 사인이 근년에 재앙과 이상한 일들이 자주나타 나는데 대한 시국정치의 자 잘못을 극론 하였는데, 이를 왕은 가상히 여겨 받아들였다.)
　재위 16년 757년 정월 상대등 사인이 병으로 퇴직
　재위 23년 765년 김양상을 시중으로
　※ 사인과 유정의 관계는 부자지간이다.

　경덕왕 재위 3년에 유정은 중시가 되고 다음해인 경덕왕 4년에 사인은 상대등이 되었다고 기록하고 있다.
　과연 두 부자를 함께 시중과 상대등에 임명하였을까? 라는 것이다.
　그런데 사인이 상대등이 되자 몇 달 뒤 유정이 중시에서 퇴직하였다.
　이것은 부자지간이기 때문일 가능성이 있다고 본다.
　※ 김사인(金思仁)은 성덕왕 16년에 김유신의 손자 김윤중과 더불어 장군이 되었다. 그는 성덕왕 35년에 통일신

라의 북방 경계선인 평양과 춘천 일대의 말갈족을 평정하기도 했다. 김사인은 효성왕 때에 열병사열을 할 정도의 실력자였으며, 경덕왕 4년에는 상대등이 되었다. 상대등은 왕권 견제 세력으로 왕과 라이벌 관계였다. 경덕왕 14년에 김사인은 현실 정치의 폐단과 왕실이 주도하는 한화정책을 극단적으로 비판하기도 했다. 한화정책이란 신라 왕실이 당나라의 문물이며 제도를 그대로 받아들이는 것과 아울러 전제왕권을 강화하는 정책이었다. 그것은 지극히 사대적이었기에 김사인을 비롯한 진골 귀족들의 강력한 반발을 불러왔다. 하지만 김사인은 세력 약화로 인해 2년 만에 상대등을 사임하고는 명주로 갔다. 김사인은 오래도록 북방의 군사 책임을 맡으면서 동해안 지역과 각별한 유대를 맺어왔었다. 그러기에 세력 만회를 위한 발판을 명주로 삼았던 것으로 보인다.

삼국사기에 의하면 732년(성덕왕 31)에 이찬으로 장군이 되었고, 741년(효성왕 5)에노병(弩兵, 신라 때 화살을 발사하는 무기를 다루는 군인)을 검열하며 국방력을 강화시켰으며, 745년(경덕왕 4)에 상대등이 되었으나

757년 병으로 상대등 직을 사임하였다고 하였다.

※ 김유정(金惟正)은 경덕왕 3년에 서라벌 왕실에서 시중을 지냈다.

김문왕(을축보) 이후 3대가 연이어 시중을 지낸 것은 대단한 일이었다.

그런데 김유정은 병을 핑계로 시중 직을 버리고 명주로 왔다.

이 역시 세력 약화로 인해 빚어진 일로 보고 있다.

당시 명주는 군사적 요충지로 서라벌과 양대 세력을 형성하던 곳이었고, 김유정의 아버지 사인이 있었던 곳이다. 그는 '신어 이야기 설화'의 주인공으로 명주 토착 세력가 집안의 연화낭자(박씨부인)와 결혼해 김주원을 낳았다.

10. 혜공왕(36대) 본기에

　　765년 6월 혜공왕 즉위

　　재위 10년 775년 9월 김양상을 상대등으로

　　재위 13년(서기 777년) 3월 도읍에 지진. 4월 또 지진. 상대등 양상이 상소문을 올려 현시대 정치(풍류와

여색에 빠진 문란한 정치)에 대하여 극렬하게 간언했다.
재위 13년 778년 10월 김주원을 시중으로
재위 16년 2월 781년 김지정이 반란을 일으켜 궁궐을 침범하다
4월 상대등 김양상이 이찬 김경신과 함께 거병하여 김지정의 무리를 죽였다. 왕과 왕비가 반란군에게 살해되다

※ 김지정의 난을 김양상(선덕왕)과 이찬 김경신(원성왕)이 평정하였다.

그런데 김양상은 경덕왕 23년(765)에 시중이었다가, 혜공왕 10년(775)에 상대등이 되었다.

그리고 김주원은 혜공왕 13년(778)에 시중이 되었다. 그렇다면 상대등 김양상이 시중 김주원과 함께 김지정의 난을 평정했어야 하는데 왜 이찬 김경신과 함께 하였을까 하는 것이다.

김지정의 난을 평정한 후 김양상은 선덕왕이 되었고, 선덕왕(김양상) 1年(781)에 김주원이 아닌 김경신을 상대등에 임명하였다.

※ 삼국사기 원성왕편에

선덕왕이 후사 없이 죽자 군신들이 의논하여 왕의 조카뻘인 주원을 옹립하고자 하였다.

주원의 집은 도읍의 북쪽 20리에 위치하고 있었는데 때마침 홍수로 알천(閼川)의 물이 불어나 주원이 건널 수가 없었다.

혹자가 말하길 "왕이라는 위대한 자리에 즉위하는 사람은 원래 사람이 도모하는 것이 아닌데 지금 이렇게 폭우가 내리는 것은 하늘이 혹시나 주원을 왕으로 옹립하고 싶지 않았기 때문이 아니겠는가? 지금 상대등 경신은 덕망이 평소에도 높고 군주의 자질이 있다."

이때 군신들이 논의해 의견을 모아 왕위를 이어 즉위했다.

그러는 동안 비가 그치고 나라 사람들이 모두 만세를 불렀다. 라고 기록하고 있다.

※ 위와 같은 기록은 김주원의 가계도를 검증하는 중요한 단서가 된다.

그렇다면 삼국사기의 기록을 근간으로 하여 을축

보에 기록된 족도의 계보를 다시금 살펴보자.

삼국사기에 태종무열왕, 문왕, 대충, 사인, 유정, 김주원의 이름은 거론 되지만 이들의 가족 관계는 기록에 없다.

그런데 명원세기는 삼국사기에 없는 기록을 빌어 이들의 가족관계를 비교적 소상히 밝혀놓았다.

때문에 족보를 이해하는데 있어 상당히 혼란스럽다는 것이다.

그러나 김인문은 성주사의 무염대사 탑비에 확실한 기록이 있고, "惟正"은 "동사강목"에 무월랑의 본명이라고 되어 있으며, 삼국사기에는

爲靖으로 나온다. 설화 "명주가"의 주인공이 惟正이다. 그런데 문왕과 대충, 사인, 세 사람은 가계를 이해하는 근거는 찾지 못하고 있다. 그리고 삼국사기 본기에 경덕왕 재위 3년에 유정은 중시가 되고, 다음 해인 경덕왕 4년에 사인은 상대등이 되었다고 기록하고 있다. 이처럼 두 부자를 동시에 중시와 상대등에 임명했을까? 라는 것이다.

하지만 삼국사기에 사인이 상대등이 되자 몇 달

뒤 유정이 중시에서 퇴직하였다. 고하였다.

때문에 두 사람은 부자지간일 가능성이 있다고 본다. 그러나 문왕은 태종무열왕의 셋째 아들이지만 무염대사의 碑에 김인문을 昕(김주원의 증손자)의 조상이라고 밝혀 놓았으며, 부자지간이라는 대충과 문왕은 탄생시기에 대한 교차검증결과 어긋남이 많다.

따라서 교차검증과 활동연대를 통해 얻어진 김주원공의 족도는

태종무열왕(603-661) - 김인문(628-694) - ? - 사인(675-757) - 유정(744년 시중) - 김주원(혜공 13년 778년 시중)으로 이어지는 世系로 그려볼 수 있다. (서불한 眞福이 김인문의 아들로 추정됨)

11. 선덕왕(37대) 본기

  780년 성덕왕(김양상) 즉위

  재위 1년 781년 김경신을 상대등으로 삼고 김의공을 시중으로 삼다

  785년 선덕왕 사망 (재위 5년)

12. 원성왕(38대) 본기

    785년 원성왕(김경신) 즉위

    재위 6년 791년 1월 종기를 시중으로

    재위 7년 792년 10월 종기가 시중에서 물러나고 준옹이 시중으로

13. 애장왕 본기

    800년 애장왕 즉위

    재위 7년 3월 김헌충(身)이 당에서 귀국하다

    당 헌종(憲宗)이 숙위 왕자 김헌충(金獻忠)을 신라로 돌려보내면서

    시비서감(試祕書監)의 직위를 더해 주었다.

    재위 8년 808년 1월 김헌창을 시중으로

    재위 9년 809년 7월 언승과 제옹이 왕을 살해

    ※ 김언승이 애장왕을 시해하고 왕위에 오르자 애장왕의 측근이었던 김헌창도 시중 자리에서 물러나게 되었고, 813년에는 무진주 도독, 816년에는 청주 도독, 821년에는 웅천주 도독으로 전보되었다. 이렇게 각 지방직을 전전하던 김헌창은 이에

불만을 품고, 822년에 반란을 일으키게 되었으며 나라 이름을 장안(長安)이라 하고, 연호를 경운(慶雲)이라 했다.

14. 헌덕왕 본기

809년 헌덕왕 즉위

재위 2년 811년 김헌창을 당으로보내 조공

재위 4년 균정(흥덕왕)을 시중으로

재위 5년 814년 김헌창을 무진주 도독으로

재위 6년 815년 김헌창을 시중으로

재위 8년 817년 김헌창을 청주도독에, 장여(종기의 次子)를 시중으로

재위 9년 818년 왕자 김장렴을 당에 보내 조공하다.

재위 11년 820년 상대등 김숭빈이 죽어 김수종(흥덕왕)을 상대등으로 삼다(김수종은 헌덕왕의 동생이다.)

재위 13년 822년 시중 김충공이 죽어 영공이 시중이 되다

재위 13년 822년 김헌창을 웅천주 도독으로

재위 14년 김헌창 난에 앞서, 청주에 헌창이 패망할

징조로 기이한 새가 나타나다

재위 14년 823년 4월 김헌창이 난을 일으킴

재위 17년 826년 범문(헌창의 子)이 반란을 일으키려다 주살

재위 17년 826년 김흔(장여의 子)을 당에보내 조공

※ 김헌창이 계속 지방으로 내려가 있으면 반란의 원인이 될 것임을 직감한 헌덕왕은 무진주 도독으로 가 있었던 김헌창을 813년 8월 잠시 시중으로 복귀시켰다. 하지만 김헌창과 헌덕왕은 정치적으로 상극이었던 터라 시중으로 있던 기간은 3개월도 못됐고, 다시 무진주 도독으로 좌천시켰다.

그리고 헌덕왕은 장군 8명으로 서라벌을 지키게 하고 장웅(張雄), 위공(衛恭), 제릉(悌凌)으로 김헌창을 치게 했다.

장웅은 도동현(道東峴/영천시)까지 몰아닥친 김헌창의 장안군을 격파 했고, 위공과 제릉은 장웅과 합세하여 삼년산성(三年山城/보은군)을 공격한 다음 인근의 속리산에서 김헌창의 장안군을 격멸했다. 훗날 신무왕 김우징의 아버지가 되는 김균정

(金均貞)은 성산(星山/성주군)에서 승리를 거뒀다. 이렇게 각지에서 승리를 거둔 토벌 연합군이 집결한 이후 웅천주의 중심인 웅진(공주시)으로 쳐들어가니 김헌창은 농성했지만 결국 함락되고 김헌창은 자살했다.

이후 김헌창의 아들 김범문(金梵文)이 한주의 고달산적(高達山賊), 수신(壽神) 등과 합세해 반란을 일으켰으나 규모도 훨씬 약소했고, 이 역시 실패했다. 이후 태종 무열왕계의 후손들은 진골에서 6두품으로 강등 당했다.

※ 김헌창의 대란으로 인해 헌덕왕의 정통성 없는 왕위 계승으로 큰 반란의 원인이 될 가능성이 높아짐으로 헌덕왕은 원성왕계의 또 다른 한 축인 김예영의 자손들을 중용할 수 밖에 없게 되었다.

때문에 김예영의 장남인 김헌정은 애장왕 대에 받았던 시중의 자리를 그대로 이어받았으며, 812년에 그 시중의 자리를 김헌정의 동생인 김균정이 가져가게 되었다.

※ 헌창이 난을 일으키게 된 동기는 아버지 김주원공 에게도 있었겠지만 삼국사기를 보면 헌덕왕이 헌창을 지방도독으로 보내어 중앙의 정치 영향력을 약화시킨데 대한 불만으로도 보인다.

15. 민애왕 본기

    838년 민애왕 즉위

    839년 김귀를 상대등으로, 헌숭을 시중으로 삼다

    839년 우징이 청해진 대사 궁복의 도움으로 군사를 일으키다

    839년 김양(위흔)이 평동장군이 되어 김민주 군대를 철야현에서 대파

    839년 왕군(김흔의 군대)이 패하고 김양(위흔)의 군사가 민애왕을 시해하고 김우징(신무왕)을 왕으로 추대함

16. 신무왕 본기 (즉위 1년만에 병으로 사망)

    ※ 김균정의 아들이었던 김우징이 828년에 시중에 올랐다.

그 과정에서 김헌정의 아들인 김제륭이 김인겸계 왕실과의 결탁을 통해 김인겸계의 양자로 들어가게 되면서 균형이 깨지게 되는 상황이 되었다. 흥덕왕은 김제륭과 김균정의 다툼을 피하기 위해 자신의 아우였던 김충공의 후임으로 김균정에게 상대등 지위를 내려주게 되었는데 이는 오히려 더 파국을 부르는 결과를 가져오게 된다.

때문에 김균정의 아들 김우징이 왕위(신무왕) 계승을 주장할 수 있는 위치에 오르게 된 것이다.

17. 문성왕 본기

839년 문성왕 즉위

재위 4년 843년 위흔(김양)의 딸을 왕비로 삼다.

재위 9년 848년 이찬 위흔(김양)이 시중이 되다.

재위 18년 857년 김양이 사저에서 향년 50세로 사망하자,

왕은 김양을 서발한에 추증하고 김유신의 전례에 따라 장례를 치르게 하였으니 흥무대왕으로 추존된 김유신의 예를 따라 김양은 명원군왕으로 추존되었다.

18. 김인문 묘

 봉분은 원형봉토분으로 밑지름이 26m, 높이는 6.5m이다. 무덤 앞의 왼쪽에는 김인문묘비의 귀부(龜趺)가 남아 있다. 김인문묘비는 1931년 12월 경주 서악동 서악서원 보수 때 북쪽 축대석으로 발견되었다. 크기는 높이 약 63㎝, 너비 94.5㎝, 두께 18㎝로 화강암 재질이며 귀부의 홈과 일치하며, 묘비의 절반 이상은 결손 되고 마멸이 심해 글자를 알아보기 힘들다.

 다만, 비면에 남아 있는 조문흥대왕(祖文興大王)·태종대왕탄미기공(太宗大王歎美其功)·공위부대총관(公爲副大摠管) 등의 글귀로 미루어보아 김인문묘비로 추정하고 있으며, 현재 국립경주박물관에 소장되어 있다.

종래에는 태종무열왕릉 앞에 있는 두 개의 무덤을 두고 김인문묘와 김양(金陽)의 묘를 서로 혼동하여 그 주장이 달랐다.

그런데 『삼국사기』열전 김양전과 김인문전에 각각 기록된 것처럼 김양의 묘는 태종무열왕릉 능열에 배장 하였다고 하였고, 김인문은 경주의 서쪽 들판(서악동)에 장례를 치렀다고 하였다.

『삼국사기』열전에 김인문은 694년(효소왕 3) 4월 당나라 수도에서 죽었다. 당나라에서는 그의 유해를 사례시 대의서령(司禮寺大醫署令) 육원경(陸元景)의 호송으로 본국으로 옮겼으며, 효소왕이 695년(효소왕 4) 10월 27일에 김인문을 태대각간(太大角干)으로 추증하고 다음해에 경주의 서쪽 들판 서악(西岳)에

장례를 치렀다고 하였다.

김양 열전에는 857년 김양이 사저에서 죽었는데 향년 50세였다. 부고를 접한 대왕은 애통(哀慟)해 하며 서발한에 추증하고 부의(賻儀)와 염장(殮葬)은 김유신(흥무대왕)의 전례(前例)에 따르도록 하고, 그해 12월 8일 태종대왕릉(29대 무열왕)능열에 배장(陪葬)하도록 하였다고 하였다.

그리고 김양의 父(김정여)가 명원군 이였으므로 김유신(흥무대왕)의 전례에 따라 김양을 명원군왕으로 추존한 것으로 본다.

또한 무열왕릉 능열에 배장 된 서악동의 두개 봉분을 김인문과 김양의 무덤으로 추정하고 있는데 작은 무덤을 김양의 무덤으로 보는 것이 정설이다.

왜냐하면 김인문 묘 옆에 귀부가 현존해 있는데, 귀부의 홈에 맞는 묘비가 1931년 12월 경주 서악동 서악서원 보수 때 축대석으로 발견되었으며, 이 비석의 비면에 남아 있는 조문흥대왕(祖文興大王)·태종대왕탄미기공(太宗大王歎美其功)·공위부대총관(公爲副大摠管) 등의 글귀로 인하여 이 묘를 김인문의 묘로 추정하고 있다는 것이다.

※ 참고자료: 삼국사기 김인문열전, 삼국사기 김양열전, 한국민족문화 대백과사전

19. 서울의 팔판동

서울의 팔판동은 강릉김씨의 판서들이 살던 마을이다. 강릉김씨 가문의 자랑거리이다.

가. 선 팔판의 인물(명종, 숙종조)

김첨경(형,예), 김홍주(병), 김득원(병), 김홍권(이), 김시환(예,이), 김시현(이,병), 김시혁(이), 김시경(이)

나. 후 팔판의 인물(영,정조대)

김상익(예), 김상성(예,호), 김상중(형,공), 김상집(형,공,호), 김상철(육판,영의정), 김노진(예,형,호), 김화진(예,형,호), 김계락(공,형,예)

20. 명주(강릉)에는 5개의 戍(항구)

1. **海令戍(해령수) 안인진** - 신라화랑과 함선이 드나들던 군선강 하구
2. **寧平戍(영평수) 영진** - 감포, 방어진과 원산, 흥남의 중간 항구
3. **沙火戍(사화수) 사근진** - 사월(사천)의 하구
4. **化域戍(화역수) 남항진** - 선곡소가 있었던 당골 한송호의 하구
5. **鐵瓮戍(철옹수) 정동진** - 철벽을 두른 심곡해변에 위치한 포구

※ 우산국의 정벌은 신라 이사부 장군이 사자를 나무로 만

들어 함선에 싣고가 "항복하지 않으면 맹수를 풀어 모두 죽이겠다"라고 위협해 우산국을 신라에 복속시킨 것으로 우리에게 전해지고 있다.

그런데 삼척시는 신라 지증왕 때 이사부 장군이 우산국 정벌을 위해 출항했던 곳이 오분항(정라진)이라고 주장하고 있다.

그리고 이사부 연구사업회는 삼국사기와 『삼국유사』, 『일본서기』, 『신증동국여지승람』 등 문헌에 실직군주가 아닌 '하슬라 군주 이사부가 우산국을 병합했다'고 하였으므로 당시(510년경) 하슬라주의 군주였던 이사부 장군이 강릉 월대산 아래 한송호의 당골에 있는 선곡소에서 함선을 제작하여 남항진을 통해 해령수(안인진)로 옮겨 이곳에서 출항하였다는 것이다. 때문에 삼척시가 추진하는 이사부 출항기념비는 역사 왜곡의 상징 기념비가 될 것"이라고 지적했다.

부언하면 삼국사기에 지증왕 6년(506)에 주즙법을 시행했다고 하였으며, 이사부는 이때 실직주가 아닌 하슬라주의 군주였다는 것이다.

그런데 선곡소의 위치는 동국여지승람에 강릉부 6리

월정산(월대산) 아래에 있다고 하였는데, 남대천의 물은 화부산을 휘돌아 포남동을 통하여 경포호의 강문으로 흘러나갔으므로 선곡소는 월정산 북쪽 남대천변이 아니라 남쪽 한송호의 당골에 있었다는 것이다.

그리고 강문의 하구는 암반으로 덮혀 있어 큰 배(함선)가 드나들 수 없어 이곳은 戌(항구)가 아니라 물이 빠져나가는 문(門)이라 하여 江門이라 하며, 삼국사기에 지증왕 13년(512년)에 실직주의 군주 이사부 장군이 우산국 정벌하여 신라에 복속시켰다고 하였으며, 이때 (512년) 이사부는 하슬라주의 군주였다고 하였으므로 강릉과 삼척이 논란이 되고 있으나 강릉의 선곡소에서 제작된 함선이 정박했던 해령수에서 출정했다는 것이 정설이라 할 수 있다.

※ 주문진은 원래 항구가 아니고 연곡현 신리였다.

일제에 의해 1927년 6월에 개항하였으며, 동해안에 최초로 주문산에 등대가 1918년 세워지면서 주문산의 이름을 따서 주문진이라 하였다.

성주사 무염대사 탑비

강릉 학산의 王縣城 왕씨 고을
(강릉김씨 왕김파의 성지)

인 쇄 일 : 2025년 1월 20일
발 행 일 : 2025년 1월 21일

지 은 이 : 김 동 철
           이메일 kim_dch@hanmail.net
펴 낸 이 : 홍 명 수
편 집 인 : 최 영 준
펴 낸 곳 : 성원인쇄문화사
주   소 : 강원특별자치도 강릉시 성덕포남로 188
           대표전화 (033)652-6375 / 팩스 (033)651-1228
이 메 일 : 6526375@naver.com
I S B N : 979-11-92224-41-1(93900)

정 가 : 15,000원

- 저작권법에 의해 보호받는 저작물이므로 저자와 출판사의 동의없이 내용의 일부를 인용하거나 발췌하는 것을 금합니다.
- 파손된 책은 구입처에서 교환해 드립니다.